职业院校财经商贸类专业"十三五"规划教材

主　审　成玉祥　费　蕾

财会基本技能与实训指导

主　编　陈以东
副主编　潘朝中　吴明军　高月玲
　　　　李国松　孙　燕
参　编　杭冬梅　翁其龙　王惠惠
　　　　王登芳　蒲　忠　李晓红

苏州大学出版社
Soochow University Press

图书在版编目(CIP)数据

财会基本技能与实训指导／陈以东主编. —苏州：苏州大学出版社，2017.1
职业院校财经商贸类专业"十三五"规划教材
ISBN 978-7-5672-2010-2

Ⅰ.①财… Ⅱ.①陈… Ⅲ.①财务会计-高等职业教育-教材 Ⅳ.①F234.4

中国版本图书馆 CIP 数据核字(2017)第 012103 号

财会基本技能与实训指导
陈以东 主编

| 责任编辑 | 施 放 方 圆 |

苏州大学出版社出版发行
(地址：苏州市十梓街1号 邮编：215006)
江苏农垦机关印刷厂有限公司
(地址：淮安市青年西路58号 邮编：223001)

开本 787×1092 1/16 印张 16.25 字数 406 千
2017年1月第1版 2017年1月第1次印刷
ISBN 978-7-5672-2010-2 定价：36.00 元

苏州大学版图书若有印装错误，本社负责调换
苏州大学出版社营销部 电话：0512-65225020
苏州大学出版社网址 http://www.sudapress.com

职业院校财经商贸类专业"十三五"规划教材
编 委 会

主 任 张建初

编 委 （排名不分先后）

陈以东	王登芳	高月玲	蒲　忠
李建红	费　蕾	张志明	沈进城
杭冬梅	周丽萍	王惠惠	陈明可
朱　琴	李　彦	罗厚朝	顾关胜
潘朝中	成玉祥	吴明军	邹小玲
李国松	李玉生	周　羽	魏　涛
范红梅			

职业院校财经商贸类专业"十三五"规划教材

参加编写学校名单 （排序不分先后）

盐城生物工程高等职业技术学校

苏州旅游与财经高等职业技术学校

江苏省大丰中等专业学校

江苏省东台中等专业学校

苏州吴中中等专业学校

苏州工业园区职业技术学校

江苏省张家港中等专业学校

江苏省相城中等职业学校

江苏省苏州丝绸中等职业学校

江苏省阜宁中等职业学校

盐城交通技师学院

盐城机电高等职业技术学校

编写说明

《财会基本技能与实训指导》是职业院校财经商贸类专业"十三五"规划教材,本教材是为满足课程实训教学和技能大赛以及会计从业资格考试需要而编写的。通过对本教材的学习,学生可以比较全面地掌握会计数字规范化书写、收银技术、点钞技术、数字小键盘操作和珠算技术等财会基本技能,从而具备财会工作人员的基本素质,达到财会类基层工作岗位的基本要求。

本教材在内容、体系、实例等方面力求体现以下特点:

(1) 实践性。本教材以使学生掌握数字规范化书写、点钞技术、爱丁数码小键盘操作、珠算技术等基本方法和基本操作技术为目标,采用插图、配表的形式,介绍各项技术基本方法,具有显著的实践性。

(2) 全面性。本教材比较全面地介绍了财会工作各项最基本的技能。对会计数字规范化书写的介绍,使学生能够规范化地填制会计凭证、登记账簿;收银技术部分使学生掌握识别假钞的方法,掌握收银机的使用;点钞部分介绍了手工点钞、机器点钞两种常见的点钞方法;爱丁数码小键盘操作部分主要介绍了爱丁数码小键盘数字键布局、操作指法、快速操作要领以及传票翻打技术,使学生熟悉指法,学会盲打,能快速准确地输入数字;珠算基础知识和四则运算方法,通过训练提高,可以使学生的珠算水平满足财会工作的需要,并且具备参加会计从业资格和等级考试的能力;技能大赛珠算项目训练方法的介绍可以促进学生珠算运算速度和准确性的进一步提高。

(3) 实用性。本教材介绍各项财会技能基本方法,依据方法的有效性和实用性,对各种财会技能基本方法进行了科学的有选择的整理,使学生能够在最短的时间内掌握最有效的和最实用的技能方法,同时突出了技能大赛和从业资格考试的需要。

此外,本教材在各项目开头都对本项目任务作了简单介绍,并进行了任务分析,使学生能够明确学习目的;本教材着力教会学生技能与方法,能用图、表的尽量以图、表的形式体现,使内容更容易学习,更便于理解。

本教材既可以作为中等职业学校、高等职业院校、民办高校财经类专业的公共基础课程教材,也可供财经类技能大赛选手培训和社会会计培训机构作为会计从业资格考试培训及自学者参考使用。

本教材由陈以东任主编,潘朝中、吴明军、高月玲、李国松、陈心峰任副主编,李玉生参与了本教材的编写。编写分工如下:陈以东编写项目一、项目五、项目六、项目七、项目八;高月玲、陈心峰编写项目二;潘朝中编写项目三;李玉生编写项目四;李国松编写项目九;吴明军编写项目十。全书由陈以东修改、总纂并最后定稿。

本教材的出版得到了盐城生物工程高等职业技术学校陆立才老师的帮助以及苏州大学出版社的大力支持,在此表示衷心的感谢。由于财会技能水平在不断发展提高,加之作者水平有限,书中内容难免有疏漏,不当之处在所难免,恳请广大读者不吝指正。

编 者

目录 Contents

项目一　数字书写与订正技术
　任务一　阿拉伯数字的书写与实训　／1
　任务二　汉字大写数字的书写与实训　／7

项目二　收银技术
　任务一　人民币真伪鉴别技术与实训　／13
　任务二　收银机的使用与实训　／35

项目三　点钞技术
　任务一　手工点钞方法与实训　／46
　任务二　机器点钞方法与实训　／62
　任务三　点钞技能大赛训练　／67

项目四　数码小键盘技术
　任务一　认知爱丁PAD技能实训机　／71
　任务二　认识传票翻打　／73
　任务三　传票翻打技能实训　／78
　任务四　传票翻打技能大赛实训　／86

项目五　珠算基础操作技术
　任务一　珠算的起源与发展　／89
　任务二　算盘的结构与种类及珠算常用术语　／97
　任务三　置数、拨珠指法和握笔法　／103

项目六　珠算加减法技术
　任务一　口诀加减法　／113
　任务二　无口诀加减法和加减混合算法　／126
　任务三　加减简便算法　／139

项目七 珠算乘法技术

  任务一 乘法的原理和定位方法 / 147
  任务二 基本珠算乘法 / 153
  任务三 其他珠算乘法 / 164

项目八 珠算除法技术

  任务一 珠算除法原理和定位方法 / 176
  任务二 常用的珠算除法 / 181
  任务三 退商与补商 / 190
  任务四 除法的简便算法 / 196

项目九 珠算差错查找技术

  任务一 珠算加减法差错查找方法 / 200
  任务二 珠算乘除法差错查找方法 / 203

项目十 技能大赛珠算项目训练

  任务一 珠算加减法训练 / 206
  任务二 珠算乘法训练 / 215
  任务三 珠算除法训练 / 225
  任务四 账表算训练 / 229
  任务五 传票算训练 / 233

附录一 从业资格珠算模拟试卷 / 239
附录二 珠算技术鉴定模拟试卷 / 243
　　全国珠算等级五级考试试题(一) / 243
　　全国珠算等级四级考试试题(一) / 244
　　全国珠算等级四级考试试题(二) / 245
附录三 职业院校财经技能大赛比赛办法与规则 / 246

参考文献 / 251

项目一

数字书写与订正技术

任务一　阿拉伯数字的书写与实训

通过学习,掌握阿拉伯数字书写基本要求,在以后的工作中能够规范书写。

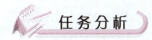

1. 了解阿拉伯数字书写的有关规定。
2. 重点掌握账表凭证上的书写要求。

相 关 知 识

一、阿拉伯数字的发展历史

阿拉伯数字由0,1,2,3,4,5,6,7,8,9共10个计数符号组成。阿拉伯数字是国际通用数字。最初由印度人发明,后由阿拉伯人传向欧洲,之后再经欧洲人将其现代化。正因阿拉伯人的传播成为该种数字最终被国际通用的关键节点,所以人们称其为"阿拉伯数字"。

二、阿拉伯数字的优缺点

(一)阿拉伯数字的优点

阿拉伯数字是最基本的数字符号,可以带来一系列的简化效果。在会计簿记中,之所以大范围地使用阿拉伯数字,正是由于它容易书写,可以使一系列的有关记录、划算工作大大简化。

(二)阿拉伯数字的缺点

1. 阿拉伯数字本身没有计算功能。这是阿拉伯数字的一个重要缺陷。例如,4+3=7,

由4、3这两个数字符号是不能直接变成7的,必须使用其他方法求出得数而完成计算。

2. 阿拉伯数字容易被涂改。例如,1易被改成6、7、9,2容易被改成3,3容易被改成8,7容易被改成9,等等。这对记录数据是非常不利的。

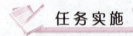

一、阿拉伯数字书写的有关规定

(一)数字与数位相结合

阿拉伯数字的书写一般要求规范化,即必须迅速、正确、易于辨认,防止互相混淆和篡改。

写数时,每个数字都要占有一个位置,每个位置表示不同的单位。数字所在位置表示不同的单位,称为数位。数位按照个、十、百、千、万的顺序由小到大、从右到左排列,但写数和读数的习惯顺序,都是由大到小、从左到右的(见表1-1)。

表1-1 阿拉伯数字数位排列表

数位	万万万位	千万万位	百万万位	十万万位	万万位	千万位	百万位	十万位	万位	千位	百位	十位	个位	十分位	百分位	千分位	万分位	十万分位	百万分位
读法	兆	千亿	百亿	十亿	亿	千万	百万	十万	万	千	百	十	个	分	厘	毫	丝	忽	微

(二)采用三位分节制

使用分节号能够较容易地辨认数的数位,有利于数字的书写、阅读和计算。我国过去以四位数为一节,后按国际惯例,数的整数部分采用三位分节制,从个位自右向左每三位数用分节","分开,即"三位一撇",并在个位的右下角加列小数点,如3,120.28。但国际上不用","而以空格代替。带小数的数,应将小数点终记在个位与十分位之间的下方。一般账表凭证的金额栏印有分位格,元位前每三位印一粗线代表分节号,元位与角位之间的粗线则代表小数点,记数时不要再另加分节号或小数点。

(三)关于人民币符号¥的使用

在填制凭证时,小写金额前一般均冠以人民币符号"¥",且在"¥"与数字之间不能留有空位,以防止金额数字被涂改。书写人民币符号"¥",尤其是草写"¥"时,要注意与阿拉伯数字有明显的区别。例如:"¥8 650.14"即为人民币捌仟陆佰伍拾元壹角肆分。

登记账簿、编制报表时,不能使用"¥"符号,因为账簿、报表上不存在金额数字被涂改而造成损失的情况。在账簿或报表上如使用"¥"符号,反而会增加错误的可能性。

（四）关于金额角、分的写法

在无金额的凭证上，所有以元为单位的阿拉伯数字，除表示单价等情况外，一律写到角、分。无角、分的，角位和分位可写"00"或符号"—"；有角无分的，分位应写"0"，不得用符号代替。例如，人民币叁仟陆佰柒拾捌元整，可以写成￥3 678.00，也可以写成￥3 678.—；人民币伍拾柒元壹角整，应写成￥57.10，不能写成￥57.1—（见表1-2）。

表 1-2

错误书写								正确书写							
收入金额								收入金额							
十	万	千	百	十	元	角	分	十	万	千	百	十	元	角	分
		3	6	7	8					3	6	7	8	0	0
				5	7	1				3	6	7	8	—	—
				5	7	1	—					5	7	1	0

二、账表凭证上阿拉伯数字的书写要求

（一）规范化写法

阿拉伯数字的规范写法（手写体）（见图1-1）。

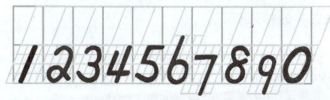

图1-1 阿拉伯数字规范化写法

（二）书写要求

1. 书写数字时应自下而上，先左后右，一个一个地认真书写，不得连笔写，以免分辨不清。
2. 账表凭证上书写的阿拉伯数字应使用斜体，斜度大约以60°为准。
3. 数字高度约占账表凭证金额分位格的二分之一，这样既美观又便于改错。
4. 除"7"和"9"上低下半格的四分之一、下伸次行上半格的四分之一处外，其他数字都要靠在底线上书写。
5. "0"既不要写得太小（以防将0改为6、8、9），又不要有缺口（以防将0改为3）。
6. "1"的下端应紧靠分位格的下角。
7. "4"的顶部不封口，写"4"时应上抵中线，下至下半格的四分之一处，并注意中竖是

最关键的一笔,斜度应为60度,否则就写成正体了。

8. "6"的上半部分应斜出上半格的四分之一高度。

9. 写"8"时,上边要稍少,下边要稍大,注意起笔应成斜"S"形,终笔和起笔交接处成棱角,以防将3改成8。

10. 从最高位起,后面各分位各数字必须写完整。如壹万叁仟伍佰元整,应写成如表1-3所示。

表1-3

亿	仟	百	十	万	仟	百	十	元	角	分
				1	3	5	0	0	0	0

而不能写成表1-4所示。

表1-4

亿	仟	百	十	万	仟	百	十	元	角	分
				1	3	5	0	0		

更不能写成表1-5所示。

表1-5

亿	仟	百	十	万	仟	百	十	元	角	分
				1	3	5				

三、阿拉伯数字的错误更正

阿拉伯数字写错需更正时,不论写错的数字是一个还是几个,应采用画线更正法进行更正,即把全部数字用一道红线划分。在会记账簿中更正时,还应在数字的两端加盖经手人和会计机构负责人印章,以明确责任,然后再把正确的数字写在错误数字的上面。改错时不能只改一半,也不能在原数上涂改,以免混淆不清。不得任意刀刮、皮擦、涂改、挖补,更不得用涂改液等药水侵蚀,以保证数字的真实性和明确经济责任。例如表1-6。

表1-6

亿	仟	百	十	万	仟	百	十	元	角	分
					1	5	9	3	9	7
					1̶	5̶	9̶	3̶	9̶	7̶

归纳总结

阿拉伯数字要按有关规定书写,特别要注意账表凭证上阿拉伯数字的书写要求,要通过反复练习书写,改正以前不良书写习惯,养成规范化书写习惯。

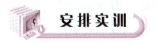
安排实训

实训一 在表1-7账格中用规范化的阿拉伯数字书写

表1-7 账 格

1										2								
千	百	十	万	千	百	十	元	角	分	千	百	十	万	千	百	十	元	角	分

实训二 对照表1-8中的数字练习没有数位线的小写金额的书写

表1-8 没有数位线的小写金额

¥23 637.94	¥58 219.07	¥8 306.92	¥69 218.00	¥6 835.47	¥35 284.90

实训三 0~9十个阿拉伯数字反复书写30遍,且符合标准。要求财会专业达到三级标准,非财会专业达到四级标准。试试看你达到了几级。

一级2.5分钟以内完成;

二级3分钟以内完成;

三级3.5分钟以内完成;

四级4分钟以内完成。

实训四　将下列中文大写数字写成阿拉伯数字

(1) 人民币贰拾柒元伍角肆分　　　　　　应写成＿＿＿＿＿＿＿＿

(2) 人民币伍仟贰佰万零陆仟玖佰柒拾捌元整　应写成＿＿＿＿＿＿＿＿

(3) 人民币叁仟万零贰拾元整　　　　　　应写成＿＿＿＿＿＿＿＿

(4) 人民币壹拾玖万零贰拾叁元整　　　　应写成＿＿＿＿＿＿＿＿

(5) 人民币玖角捌分　　　　　　　　　　应写成＿＿＿＿＿＿＿＿

(6) 人民币柒万肆仟伍佰零贰元捌角陆分　　应写成＿＿＿＿＿＿＿＿

(7) 人民币玖仟叁佰元零伍角整　　　　　应写成＿＿＿＿＿＿＿＿

(8) 人民币贰拾肆万零捌佰零壹元零玖分　　应写成＿＿＿＿＿＿＿＿

(9) 人民币壹拾万元整　　　　　　　　　应写成＿＿＿＿＿＿＿＿

(10) 人民币陆佰万元零柒分　　　　　　应写成＿＿＿＿＿＿＿＿

(11) 人民币陆拾贰万肆仟伍佰叁拾柒元整　应写成＿＿＿＿＿＿＿＿

(12) 人民币陆佰零肆万元整　　　　　　应写成＿＿＿＿＿＿＿＿

(13) 人民币壹拾柒万元整　　　　　　　应写成＿＿＿＿＿＿＿＿

(14) 人民币玖佰壹拾伍万零叁拾肆元零伍分　应写成＿＿＿＿＿＿＿＿

(15) 人民币贰佰玖拾捌元肆角伍分　　　应写成＿＿＿＿＿＿＿＿

课外学习指要

推荐阅读:"阿拉伯数字"http://baike.so.com/doc/5645893-5858528.html

任务二　汉字大写数字的书写与实训

任务介绍

通过学习,掌握汉字大写书写基本要求,在以后的工作中能够规范书写。

任务分析

1. 了解中文大写数字的有关规定。
2. 能分辨中文大写金额数字写法常见错误。
3. 掌握结算凭证的书写要求。

相 关 知 识

大写数字的故事

"郭桓案":大明政权建立之初规定:每年全国各布政使司、府、州、县,都要派计吏到户部呈报地方财政的收支账目及钱粮数。各级政府之间及与户部之间的数字必须完全相符,稍有差错即被退回重报。由于地方与京城相距遥远,为节省时间,免去路途奔波之苦,各地便带上了盖有官印的空白账册,如被退回,则随时填写更正。又因为空白账册上盖有骑缝印,不能做别的用途,户部也就没有干预。洪武十八年(公元1385年)三月,户部侍郎郭桓特大贪污案东窗事发,震惊全国。郭桓勾结刑、礼、兵、工等六部小官员及各省官僚、地主,贪污税粮及鱼盐等,折米二千四百余万石。这差不多和全国秋粮实征的总数持平!除此之外,还侵吞大量宝钞金银。

图1-2　郭桓案

贪官们就是利用空白账册做的文章,各部串通一气,大做假账,以此欺骗皇帝,鱼肉百姓。朱元璋龙颜大怒,下令把郭桓等六部的十二名高官及左右侍郎以下同案犯数万人皆处死,系狱、充边、拟罪者不计其数。朱元璋是个佃农出身的孤儿,他讨过饭,当过和尚,打过杂役,深知老百姓的疾苦。他对贪官污吏搜刮民脂民膏恨之入骨。因此,还制定了比对待敌人还狠毒的铁血手段——"剥皮囊草",以此酷刑来镇压这帮蛀虫。规定:凡贪赃白银六十两以上的郡守、县令(含朝廷同级官员),按贪款数额多少,判决枭首示众、凌迟处死直至诛灭九族。随后还要"剥皮囊草"——剥下贪官的人皮,将草填充其内,高悬于公堂旁边,是谓"救法以峻型,诛一以警百"。明太祖此举可谓"铁血政策",骇人听闻! 用现代人的眼光看,简直太野蛮残酷了,但反映了他对贪官污吏的切齿痛恨与不共戴天,老百姓无不拍手称快。

图 1-3　朱元璋

大写数字的使用始于明朝。朱元璋因为当时的一件重大贪污案"郭桓案"而发布法令,其中明确要求记账的数字必须由"一、二、三、四、五、六、七、八、九、十、百、千"改为"壹、贰、叁、肆、伍、陆、柒、捌、玖、拾、佰(陌)、仟(阡)"等复杂的汉字,以增加涂改账册的难度。后来"陌"和"阡"被改写成"佰、仟",并一直使用到现在。

任务实施

汉字大写数字主要用于填制需要防止涂改的信用凭证,如收据、发票、支票以及经济合同等。大写数字是由数码和数位组成的。数码:壹、贰、叁、肆、伍、陆、柒、捌、玖、零。数位:个、拾、佰、仟、万、亿等。

一、中文大写数字的有关规定

(一)用正楷字或行书字书写

为了预防将来出现涂改的情况,在书写阿拉伯数字的同时,还要用规范的汉字大写数字书写。汉字大写数字一律用正楷字或行书字书写,不得自造简化字。如采用"壹、贰、叁、肆、伍、陆、柒、捌、玖、拾、佰、仟、万、亿、圆(元)、角、分、零、整(正)"等易于辨认、不易涂改的字样,不得用"一、二(两)、三、四、五、六、七、八、九、十、念、仁、毛、另(或0)、园"等字样代替。

(二)"人民币"与数字之间不得留有空位

有固定格式的重要凭证,大写金额栏一般都印有"人民币"字样,数字应紧接在"人民币"后面,在"人民币"与数字之间不得留有空位。大写金额栏没有印"人民币"字样的,应加填"人民币"三字。在票据和结算凭证大写金额栏内不得预印固定的"仟、佰、拾、万、仟、佰、拾、元、角、分"字样。

（三）"整（正）"字的用法

汉字大写数字到"元"为止的,在"元"字之后应写"整"字;到"角"为止的,在"角"位后可不写"整"字;到"分"字为止的,"分"字之后不写"整"字。

"整"字笔画较多,在书写数字时,常常将"整"字写成"正"字。这两个字在此处的意义是相同的。

（四）有关"零"的写法

阿拉伯金额数字有"0"时,汉字大写金额应怎样书写?这要看"0"所在的位置。对于数字尾部的"0",不管是一个还是连续几个,汉字大写数字到非零数位后,用一个整（正）字结尾,都不需用"零"来表示。如￥7.50,汉字大写金额写成人民币柒元伍角整;又如￥300.00,应写成人民币叁佰元整。至于阿拉伯数字中间有"0"时,汉字代写数字应按照汉语语言规律、金额数字构成和防止涂改的要求进行书写。具体如下：

1. 阿拉伯金额数字中间有"0"时,汉字大写金额要写"零"字,如￥801.35,汉字大写金额应写成人民币捌佰零壹元叁角伍分。

2. 阿拉伯金额数字中间连续有几个"0"时,汉字大写金额可以只写一个"零"字,如￥4 002.17,汉字大写金额应写成人民币肆仟零贰元壹角柒分。

3. 阿拉伯金额数字元位是"0",或者与元位相邻的左边数位数字连续有几个"0",元位也是"0",但角位不是"0"时,汉字大写金额中可以只写一个"零"字,也可以不写"零"。如￥4 870.16,汉字大写金额应写成人民币肆仟捌佰柒拾元壹角陆分;又如￥56 000.78,汉字大写金额应写成人民币伍万陆仟元零柒角捌分或者人民币伍万陆仟元柒角捌分。

4. 阿拉伯金额数字角位是"0",而分位不是"0"的,汉字大写金额"元"字后面应写"零"字。如￥123.08,汉字大写金额应写成人民币壹佰贰拾叁元零捌分;又如￥3 400.05,应写成人民币叁仟肆佰元零伍分。

（五）其他要求

1. 在书写汉字大写金额时不能遗漏"壹"字的情况,平时口语习惯说拾几、拾几万,在这里"拾"字仅代表数位,不是数字。"壹拾"既代表数位,又代表数字,所以壹拾几的"壹"字不能遗漏。如￥12.35,汉字大写金额应写成人民币壹拾贰元叁角伍分;又如￥150 000.00,应写成人民币壹拾伍万元整。

2. 票据的出票日期必须使用汉字大写。为防止变造票据的出票日期,在填写月、日时,月为壹、贰和壹拾的,日为壹至玖和壹拾、贰拾、叁拾的,应在其前加"零";日为拾壹至拾玖的,应在其前加"壹"。如1月18日,应写成零壹月壹拾捌日。再如,10月30日,应写成零壹拾月零叁拾日。若票据出票日期是用小写填写的,银行不予受理。大写日期未按要求规范填写的,银行可不予受理,由此造成的损失,由出票人自行承担。

二、大写金额数字写法错误举例

表1-9 正确写法与错误写法

小写金额	大写金额		
	正确写法	错误写法	错误原因
¥5 000.00	人民币伍仟元整	人民币:伍仟元整	"人民币"后面多写冒号
¥260.80	人民币贰佰陆拾元捌角整	人民币贰佰陆拾零元捌角整	"零"字用法不对
¥16.05	人民币壹拾陆元零伍分	人民币拾陆元伍分	漏写"壹"字和"零"字
¥460.80	人民币肆佰陆拾元零捌角整	人民币肆佰陆拾元捌角零分	多写"零分"二字
¥100 600.00	人民币壹拾万零陆佰元整	人民币拾万陆佰元整	漏写"壹"字和"零"字
¥7 600 000.04	人民币柒佰陆拾万元零肆分	人民币柒佰陆拾万另肆分	漏写"元"字,"零"字错写为"另"字

归纳总结

汉字大写,在掌握基本大写汉字基础上,要强化练习金额的大写"零"、"整"的用法;要特别注意财经工作中的出票日期的大写规则应用。

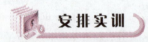
安排实训

一、实训目的

掌握汉字大写数字的标准写法,能够根据小写金额写出人民币大写金额,做到书写规范、流畅。

二、实训要求

1. 按照大写数字参考字体,练习大写数字书写,做到书写规范、流畅。见表1-10。

表1-10 数字大写练习表

壹	贰	叁	肆	伍	陆	柒	捌	玖	拾	佰	仟	万	亿	元	整	零

续表

壹	贰	叁	肆	伍	陆	柒	捌	玖	拾	佰	仟	万	亿	元	整	零

2. 根据下列小写金额写出大写金额数字。

(1) ￥12.30

(2) ￥148.76

(3) ￥3 209.00

(4) ￥53 128.06

(5) ￥180 000.00

(6) ￥501 618.23

(7) ￥8 755 300.60

(8) ￥56 778.16

(9) ￥2 136.08

(10) ￥58 060 301.04

3. 判断下列大小写金额书写是否正确和规范(结果以"对"或"错"表示)。

题号 原始凭证上大小写金额书写对照判断：

(1) ￥10.20   人民币拾元贰角整

(2) ￥509 007   人民币伍拾万零玖仟零柒元整

(3) ￥104 090.06   人民币拾万肆仟零玖拾元零陆分

(4) ￥5 250.60   人民币伍仟贰佰伍拾元零陆角整

(5) ￥5 200.63   人民币伍仟贰佰元零陆角叁分整

(6) ￥102 000.60   人民币壹拾万贰仟零陆角整

(7) ￥163 000.00　　　人民币拾陆万叁仟元整

(8) ￥608 057 000.94　　人民币陆亿捌佰零伍万柒仟元玖角肆分

(9) ￥307 608.20　　　人民币叁拾万柒仟陆佰零捌元贰角整

(10) ￥960 003.—　　　人民币玖拾陆万零叁元整

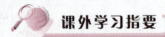

推荐阅读：http://www.sina.com.cn

人民币也有错别字？

图1-4

一、上面图1-4所示两张纸币的大写"二"果然与下面的不同。

二、一张1962年发行的两角钱和一张1953年发行的两分钱，却发现大写的"二"字并非"贰"，也不是繁体"貳"，却是一个"错别字"。在宝安西乡富源工业城工作的杨先生昨日向记者展示了这两张人民币，果然本该在"贝"字上的两横跑到了"弋"字左上角了。

三、"想不到人民币都会有错别字。"杨先生笑言，这两张人民币是去年过年在老家发现的，近日无意中发现了上面的"错别字"。

四、记者翻阅了现有的几本词典均未找到这个怪字，难道人民币上真印了错别字？记者咨询了北京钱币协会理事潘先生，他告诉记者，一般纸币可能会出现重印、反印、阿拉伯数字漏印等问题，"但这种明显的文字错误一般是没有的"。潘先生称，杨先生手上的人民币上并不是错别字，只是使用的汉字书写形式不同而已。

五、记者从钱币市场了解到，从第四套人民币开始，大写的"二"都是我们现在看到的"贰"，而之前发行的三套人民币都是杨先生所看到的"错别字"。深圳一位有着十几年钱币收藏经验的林先生告诉记者，从1987年发行第四套人民币开始，在文字设计上作了变更，其中一点就是改异体字为正体字。

项目二

收银技术

任务一 人民币真伪鉴别技术与实训

  任务介绍

通过人民币真伪鉴别技术学习,掌握人工鉴别真假人民币的常用方法。

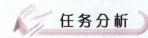

1. 认识人民币纸币真伪的基本方法。
2. 了解第五套人民币的票面特征。
3. 掌握 2015 年新版人民币 100 元纸币与 2005 年版第五套人民币 100 元纸币防伪比较。
4. 掌握识别真假人民币的四种简易方法。
5. 熟悉日常生活中假币的处理方法。
6. 了解目前常见假币的主要特征。

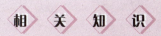

人民币常识

人民币是中华人民共和国的法定货币,中国人民银行自 1948 年 12 月 1 日成立时发行第一套人民币,至今已发行了五套。

第一套人民币共有 1 种面额,62 种版别,即 1 元(币)2 种,5 元(币)4 种,10 元(币)4 种,20 元(币)7 种,50 元(币)7 种,100 元(币)10 种,200 元(币)5 种,500 元(币)6 种,1 000 元(币)6 种,5 000 元(币)5 种,10 000 元(币)4 种,50 000 元(币)2 种(见图 2-1)。

图 2-1　第一套人民币票样(部分)

第二套人民币从 1955 年 3 月 1 日起开始发行,共发行了 11 种面额,16 种版别,即 1 分(币)2 种,2 分(币)2 种,5 分(币)2 种,1 角(币)1 种,2 角(币)1 种,3 角(币)1 种,1 元(币)2 种,2 元(币)1 种,3 元(币)1 种,5 元(币)2 种,10 元(币)1 种。(见图 2-2)

图 2-2　第二套人民币票样

第三套人民币从 1962 年 4 月 20 日开始发行,共发行了 7 种面额,13 种版别,即 1 角(币)4 种,2 角(币)2 种,5 角(币)2 种,1 元(币)2 种,2 元(币)1 种,5 元(币)1 种,

10元(币)1种。(见图2-3)

图2-3 第三套人民币票样

第四套人民币自1987年4月27日开始发行,共发行了9种面额,17种版别,即1角(币)2种,2角(币)1种,5角(币)2种,1元(币)4种,2元(币)2种,5元(币)1种,10元(币)1种,50元(币)2种,100元(币)2种(见图2-4)。

图2-4 第四套人民币票样

第五套人民币从 1999 年 10 月 1 日开始陆续发行,首发面额为 100 元,截止到 2001 年 9 月已发行的第五套人民币有 100 元、50 元、20 元、10 元、1 元币、1 角币(见图 2-5)。

图 2-5 第五套人民币票样

人民币作为我国的法定货币,是国家政权的象征之一,在我国社会主义经济建设中发挥着重要作用。无论从维护人民币的形象,还是从方便流通使用的角度,都应当爱护人民币。

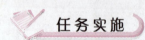

一、认识人民币纸币真伪的基本方法

1. 观察水印

人民币纸币左侧空白处有立体感很强的毛泽东头像,第五套人民币 50 元、100 元为毛泽东头像固定水印;1 元、5 元、10 元、20 元为花卉固定水印(见图 2-6)。

图 2-6 水印

2. 触摸雕刻凹版印刷

第五套人民币纸币正面主景毛泽东头像,均采用手工雕刻凹版印刷工艺,形象逼真、传神,凹凸感强。用手指触摸头像、行名、盲文及会堂有凹凸感(见图 2-7)。

图 2-7 雕刻凹版印刷

3. 检查光变油墨面额数字

第五套人民币 50 元、100 元正面左下方用新型油墨印刷了面额数字,当与票面垂直观察时其为绿色,而倾斜一定角度则变为蓝色(见图 2-8)。

图 2-8 光变油墨面额数字

4. 检查隐性面额数字

第五套人民币纸币正面右上方有一装饰图案,将票面置于与眼睛接近平行的位置,面对光源平面旋转45度或90度角,可看到面额数字字样(见图2-9)。

图2-9 隐性面额数字

5. 检查阴阳互补对印图案

第五套人民币纸币正面左下角和背面右下方各有一圆形局部图案,透光观察,正背图案组成一个完整的古钱币图案(见图2-10)。

图2-10 阴阳互补对印图案

6. 检查安全线

第五套人民币100元的安全线为磁性微文字安全线;20元为明暗相间的磁性安全线。迎光观察,有"RMB100"微小文字,有磁性(见图2-11)。

图2-11 安全线

7. 触摸凹印手感线

正面主景图案右侧,有一组自上而下规则排列的线纹,采用雕刻凹版印刷工艺印制,用手指触摸,有极强的凹凸感(见图2-12)。

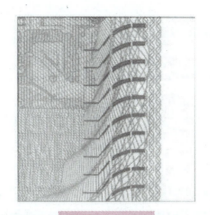

图 2-12 手感线

8. 手工雕刻头像

票面正面主景毛泽东头像,采用手工雕刻凹版印刷工艺,形象逼真、传神,凹凸感强,易于识别(见图 2-13)。

图 2-13 手工雕刻头像

9. 双色异形横号码

票面正面左下角印有双色异形横号码,左侧部分为暗红色,右侧部分为黑色。字符由中间向左右两边逐渐变小(见图 2-14)。

图 2-14 异形横号码

二、第五套人民币的票面特征

（一）2005 年版和 2015 年版 100 元券人民币的票面特征

1. 2005 年版 100 元券人民币的票面特征

主色调为红色。票幅长 155 毫米，宽 77 毫米。票面正面主景为毛泽东头像，左侧为"中国人民银行"行名、阿拉伯数字"100"、面额"壹佰元"和椭圆形花卉图案。票面左上角为中华人民共和国国徽图案，票面右下角为盲文面额标记。票面正面印有横竖双号码（见图 2-15）。

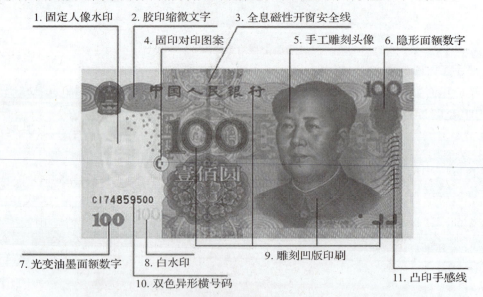

图 2-15

票面背面主景为人民大会堂图案，左侧为人民大会堂内圆柱图案。票面右上方为"中国人民银行"的汉语拼音字母和蒙、藏、维、壮四种民族文字的"中国人民银行"字样和面额（见图 2-16）。

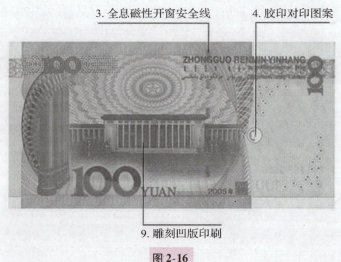

图 2-16

2015年版第五套人民币100元纸币在保持2005年版第五套人民币100元纸币规格、正背面主图案、主色调、"中国人民银行"行名、国徽、盲文和汉语拼音行名、民族文字等不变的前提下,对部分图案做了适当调整,对整体防伪性能进行了提升(见图2-17)。

(1)正面图案。

图2-17　正面图案

票面中部增加光彩光变数字"100",其下方团花中央花卉图案调整为紫色;取消左下角光变油墨面额数字,调整为胶印对印图案,其上方为双色横号码;正面主景图案右侧增加光变镂空开窗安全线和竖号码;右上角面额数字由横排改为竖排,并对数字样式进行了调整。

(2)背面图案。

票面年号改为"2015年";取消了右侧全息磁性开窗安全线和右下角防复印图案;调整了面额数字样式、票面局部装饰图案色彩和胶印对印图案及其位置(见图2-18)。

图2-18　背面图案

2. 50元券人民币的票面特征

该券别上色调为绿色,票幅长150毫米,宽70毫米。正面主景为毛泽东头像,左侧为"中国人民银行"行名、阿拉伯数字"50"、面额"伍拾圆"和花卉图案,左上角为中华人民共和国国徽图案,右下角为盲文面额标记,票面正面印有横竖双号码(见图2-19)。

图 2-19　正面图案

背向主景为布达拉宫图案,右上方为"中国人民银行"汉语拼音字母和蒙、藏、维、壮四种民族文字的"中国人民银行"字样和面额(见图 2-20)。

图 2-20　背面图案

3. 20 元券人民币的票面特征

该券别主色调为棕色,票幅长 145 毫米、宽 70 毫米。票面正面主景为毛泽东头像,左侧为"中国人民银行"行名、阿拉伯数字"20"、面额"贰拾圆"和花卉图案,票面左上方为中华人民共和国国徽图案,左下方印有双色横号码,右下方为盲文面额标记。票面背面主景为桂林山水图案,票面右上方为"中国人民银行"汉语拼音字母和蒙、藏、维、壮四种民族文字的"中国人民银行"字样和面额(见图 2-21、图 2-22)。

图 2-21 正面图案

图 2-22 背面图案

4. 10 元券人民币的票面特征

该券别主色调为蓝黑色,票幅长 140 毫米、宽 70 毫米。正面主景为毛泽东头像,左侧为"中国人民银行"行名、阿拉伯数字"10"、面额"拾圆"和花卉图案,左上角为中华人民共和国国徽图案,左下角印有双色横号码,右下方为盲文面额标记。背面主景为长江三峡图案,右上方为"中国人民银行"汉语拼音字母和蒙、藏、维、壮四种民族文字的"中国人民银行"字样和面额(见图 2-23、图 2-24)。

图 2-23　正面图案

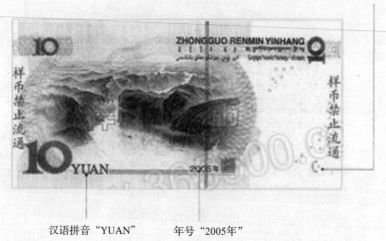

图 2-24　背面图案

5.5 元券人民币的票面特征

该券别主色调为紫色,票幅长 135 毫米、宽 63 毫米。正面主景为毛泽东头像,左侧为"中国人民银行"行名、阿拉伯数字"5"、面额"伍圆"和花卉图案,左上角为中华人民共和国国徽图案,左下角印有双色横号码,右下角为盲文面额标记。背面主景为泰山图案,右上方为"中国人民银行"汉语拼音字母和蒙、藏、维、壮四种民族文字的"中国人民银行"字样及面额(见图 2-25、图 2-26)。

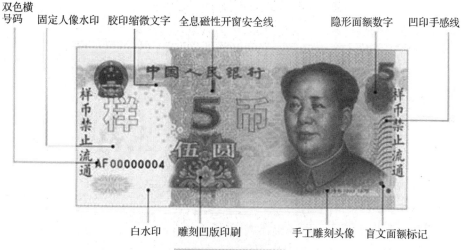

图 2-25　正面图案

图 2-26　背面图案

三、2015 年新版人民币 100 元纸币与 2005 年版第五套人民币 100 元纸币防伪比较

1.2015 年版第五套人民币 100 元纸币的图案与 2005 年版第五套人民币 100 元纸币有什么区别

与 2005 年版第五套人民币 100 元纸币相比，2015 年版第五套人民币 100 元纸币在保持规格、正背面主图案、主色调等不变的情况下，对图案做了以下调整：

（1）正面图案的调整。

① 取消了票面右侧的凹印手感线、隐形面额数字和左下角的光变油墨面额数字。

② 票面中部增加了光彩光变数字，票面右侧增加了光变镂空开窗安全线和竖号码。

③ 票面右上角面额数字由横排改为竖排，并对数字样式做了调整；中央团花图案中心花卉色彩由橘红色调整为紫色，取消花卉外淡蓝色花环，并对团花图案、接线形式做了调整；胶印对印图案由古钱币图案改为面额数字"100"，并由票面左侧中间位置调整至左

下角。

(2) 背面图案的调整。

① 取消了全息磁性开窗安全线和右下角的防复印标记。

② 减少了票面左右两侧边部胶印图纹,适当留白;胶印对印图案由古钱币图案改为面额数字"100",并由票面右侧中间位置调整至右下角;面额数字"100"上半部颜色由深紫色调整为浅紫色,下半部由大红色调整为橘红色,并对线纹结构进行了调整;票面局部装饰图案色彩由蓝、红相间调整为紫、红相间;左上角、右上角面额数字样式均做了调整。

③ 年号调整为"2015年"。

2. 2015年版第五套人民币100元纸币与2005年版第五套人民币100元纸币相比在防伪技术和印制质量上有哪些改进和提升

2015年版第五套人民币100元纸币在2005年版第五套人民币100元纸币的基础上,增加了防伪性能较高的光彩光变数字、光变镂空开窗安全线、磁性全埋安全线等防伪特征,提升了人像水印等防伪性能,改变了原有的冠字号码字形并增加了竖号码。根据防伪技术的新发展,取消了2005年版第五套人民币100元的光变油墨面额数字、隐形面额数字、凹印手感线3项防伪特征。总体来看,2015年版第五套人民币100元纸币集成应用的防伪技术更为先进,布局更为合理,防伪技术水平较2005年版100元纸币有明显提升。

3. 2015年新版人民币100元纸币防伪主要特征

(1) 光彩光变数字。

光彩光变技术是国际钞票防伪领域公认的前沿公众防伪技术之一,公众更容易识别。目前全世界已有包括中国、俄罗斯、欧元区在内的多个国家和地区的钞票采用了该技术。2015年版第五套人民币100元纸币在票面正面中部印有光彩光变数字。垂直观察票面,数字"100"以金色为主;平视观察,数字"100"以绿色为主。随着观察角度的改变,数字"100"颜色在金色和绿色之间交替变化,并可见到一条亮光带在数字上上下滚动(见图2-27)。

图2-27 光变数字

(2) 光变镂空开窗安全线。

位于票面正面右侧。当观察角度由直视变为斜视时,安全线颜色由品红色变为绿色;透光观察时,可见安全线中正反交替排列的镂空文字"¥100"。光变镂空开窗安全线对光源要求不高,颜色变化明显,同时集成镂空文字特征,有利于公众识别(见图2-28)。

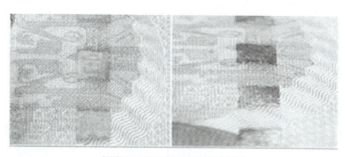

图 2-28 镂空开窗安全线

（3）人像水印。

位于票正面左侧空白处。透光观察，可见毛泽东头像（见图 2-29）。

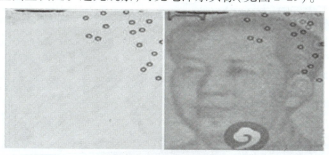

图 2-29 人像水印

（4）胶印对印图案。

票面正面左下方和票面右下方均有面额数字"100"的局部图案。透光观察，正背面图案组成一个完整的面额数字"100"（见图 2-30）。

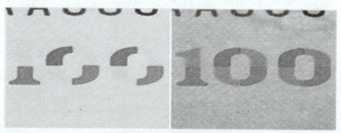

图 2-30 对印图案

（5）横竖双号码。

票面正面左下方采用横号码，其冠字和前两位数字为暗红色，后六位数字为黑色；右侧竖号码为蓝色（见图 2-31）。

图 2-31 横竖双号码

(6) 白水印。

位于票面正面横号码下方。透光观察,可以看到透光性很强的水印面额数字"100"(见图2-32)。

图 2-32 白水印

(7) 雕刻凹印。

票面正面毛泽东头像、国徽、"中国人民银行"行名、右上角面额数字、盲文及背面人民大会堂等均用雕刻凹版印刷,用手指触摸有明显的凹凸感(见图2-33)。

图 2-33 雕刻凹印

三、识别真假人民币的四种简易方法

对假币的识别、鉴别、鉴定应采取综合方法。一般采用以下四种方法:

(一) 眼看

眼睛仔细地观察票面外观颜色、水印、安全线、隐形面额数字、光变油墨面额数字、阴阳互补对印图案、冠字号码等。人民币的图案颜色协调,图案、人像层次丰富,富有立体感,人物形象表情传神,色调柔和亮丽;票面中的水印立体感强,层次分明,灰度清晰;安全线牢固地与纸张黏合在一起,并有特殊的防伪标记;阴阳互补对印图案对接完整、准确。

(二) 耳听

通过抖动使钞票发出声响,根据声音来判别人民币真伪。人民币是用专用特制纸张印制而成的,具有挺括、耐折、不易撕裂等特点,手持钞票用力抖动、手指轻弹或两手一张一弛轻轻对称拉动钞票,均能发出清脆响亮的声音。

(三) 手摸

通过用手指触摸钞票的感觉来分辨人民币的真伪。人民币是采用特种原料,由专用钞造设备抄制的印钞专用纸张印制,其手感光滑、厚薄均匀、坚挺有韧性,票面上的行名、盲文、国徽和主景图案采用凹版印刷工艺,用手轻轻触摸,有凹凸感,手感与普通纸感觉不一样。

(四)检测

检测就是借助一些简单工具和专用仪器进行钞票真伪识别的方法。如借助放大镜来观察线条的清晰度,胶、凹印缩微文字等;用紫外灯光照射钞票,观察有色和无色荧光油墨印刷图案,纸张中不规则分布的黄、蓝两色荧光纤维;用磁性检测仪检测磁性号码、磁性安全线等部位的磁性特征。

四、日常生活中假币的处理方法

误收的假币不要再使用,应交到银行或公安机关;发现他人持有假币,应立即向公安机关报告;发现他人制造、贩卖假币,应立即向公安机关报告。

五、目前常见假币的主要特征

中国人民银行发布第五套人民币 2005 年版 100 元假币的主要特征:

1. 纸张

假钞用纸均为一般社会化用纸,不含棉纤维,光滑、绵软、无韧性、偏厚,抖动或用手弹时声音发闷。在紫外光下一般有荧光反应(见图 2-34)。

普通假钞纸张的蓝色荧光反应　　　　经过处理的假钞纸张的荧光反应

图 2-34

2. 水印

假钞水印,一种是在纸张夹层中涂布白色浆料,迎光透视观察时,水印所在的左半边纸张因遮光而显得厚重。另一种是在票面正面、背面或正背面同时使用无色或白色油墨印刷水印图案,立体感较差(见图 2-35)。

假　　　真　　　　假　　　真

图 2-35

3. 安全线

第一种伪造安全线是在钞票正面，使用灰黑色油墨印刷一个深色线条，背面是用灰色油墨印刷开窗部分，无全息图文，或含有极模糊的"￥100"字样，此类伪造安全线无磁性特征（见图2-36）。

图2-36

第二种伪造安全线是在钞票正面，用同样的方法印刷一个深色线条，背面则采用烫印方式将带有"￥100"字样的全息膜转移到票面上，其衍射图案与真钞安全线存在差异，且无磁性特征（见图2-37）。

背面整体图　　　　　　　　安全线开窗局部放大图

图2-37

第三种伪造安全线是使用双层纸张，在纸张夹层中放实物线，线与纸张结合较差，线表面印刷磁性油墨（见图2-38）。

背面整体图　　　　　　　　安全线开窗局部放大图

图2-38

第四种伪造安全线是第二种和第三种的组合，既有烫印开窗，又有实物安全线置于纸张夹层内。

4. 正背主景印刷方式及凹印特征

截至目前，假钞的印刷工艺均是胶印、丝网等平印，质量很差。有些假钞为模仿真钞的凹印效果,在人像衣服、团花及手感线等凹凸位置用坚硬金属磨具进行了压痕处理,触摸有凹凸效果,应仔细观察(见图2-39)。

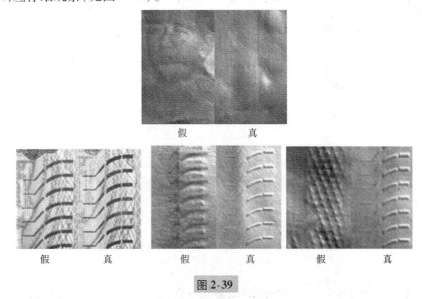

图 2-39

5. 荧光防伪印记

伪造者使用从社会上购置的荧光油墨来模拟真钞的荧光印记,荧光亮度明显低于真钞,颜色与真钞存在差异(见图2-40)。

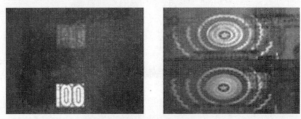

正背荧光印记真假对比图(上半部分为假钞)

图 2-40

6. 光变油墨面额数字

伪造光变油墨面额数字一种是普通单色(100元假钞为绿色)胶印,质量较差,无真钞特有的颜色变换特征,用手指触及其表面时无凹凸触感(见图2-41)。

真假对比图(上半部分为假钞)

图 2-41

另一种伪造方法是使用珠光油墨丝网印刷,有一定的光泽和闪光效果,但其线条粗糙,变色特征与真钞有较明显的区别,只有黄绿色珠光而不具备真钞由绿到蓝的变化(见图2-42)。

外观对比图(上半部分为假钞)

图 2-42

7. 冠字号码

一般假钞使用普通黑色油墨胶印冠字号码,其形态与真钞冠字存在差异且不具备磁性特征,且假钞号码不规则、排列零乱(见图2-43)。

真假对比图(上半部分为假钞)

图 2-43

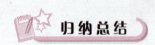

人民币防伪特征很多,作为财经工作人员基本要求是能够熟练地掌握它的主要防伪特征,重点要掌握一看、二摸、三听、四检测的常用方法。

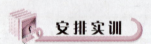

一、实训目的

掌握鉴别第五套真假人民币公众防伪特征。

二、实训要求

1. 材料准备:每名同学准备100元(2005版和2015年新版各1张)、50元、20元、10元、5元各一张。

2. 训练要求:

（1）分小组学习2005版第五套人民币防伪特征，2015年新版100元防伪特征。

（2）以小组为单位，互相出题进行自测。如：能指出100元、50元的主要防伪特征有哪些；分别指出20元、10元、5元的水印、隐形面额数字在哪里；指出2005版和2015版100元的防伪特征的区别。

（3）组间互相出题进行互测，填写技能训练测试单（见表2-1）和技能训练考核得分表（见表2-2）。

（4）组员和小组长分别进行小结，并进行自评和互评。

（5）教师进行点评并总结。

表2-1　2005版第五套人民币公众防伪特征技能训练测试单

姓　名			
速度得分(10分)	使用时间	得分/分	
	3分钟及3分钟以内	10	
	4分钟	8	
	5分钟	6	
	6分钟	4	
	6分钟以上	0	
质量得分(90分)			
纸币袋号	表述情况(正确/错误)		项目得分/分
第一组			
第二组			
第三组			
总　分			

表2-2　2005版第五套人民币公众防伪特征技能训练考核得分表

姓名	速度得分(10分)	质量得分(90分)	总分(100分)
第一次考核			
第二次考核			
第三次考核			
总平均分			

表2-3　第五套真假人民币公众防伪特征训练评分表

考核内容		指定2005版第五套人民币任意票面，要求指出其公众防伪特征(测试三组，时间3分钟)
评分标准		速度分10分 质量分每组均为30分，共90分 满分为100分，60分为及格
具体标准	速度评分	速度分10分，每超过1分钟扣2分，每超过3分钟，停止作业，成绩计为0分
	质量评分	质量分每组均为30分，特征表达准确、完整得30分，表达错误一处扣5分

课外学习指要

1. 上网浏览 http://www.360doc.com/content/15/1112/12/1194775_512556349.shtml 网址,了解印钞过程。

2. 阅读"人民币背后的故事"。

（1）第五套人民币硬币。

第五套人民币硬币分兰花1角、荷花5角、菊花1元。自古以来人们就把兰花视为高洁、典雅、爱国和坚贞不渝的象征。兰花象征高尚。兰花风姿素雅,花容端庄,幽香清远,历来作为高尚人格的象征。在中国传统"四君子"梅、兰、竹、菊中,与梅的孤绝、菊的风霜、竹的气节不同,兰花象征了知识分子的气质,以及一个民族的内敛风华。

（2）第五套人民币1元背面三潭印月。

人民币上的图案并非完全写实,摄影师所在角度只能拍到两座石塔。三潭印月,杭州西湖十景之一,位于西湖中部偏南,与湖心亭、阮公墩鼎足而立合称"湖中三岛",犹如我国古代传说中的蓬莱三岛,故又称小瀛洲。北宋时已成为湖上赏月佳处。明人张宁诗云："片月生沧海,三潭处处明。夜船歌舞处,人在镜中行。"

（3）第五套人民币10元背面夔门。

夔门,在瞿塘峡入口处,是长江三峡的西大门,又名"瞿塘关",在巍峨壮丽的白帝城下,是出入四川盆地的门户。从白帝城向东,便进入长江三峡中最西面的瞿塘峡,全长约8公里,在三峡中最短,却最为雄伟险峻。杜甫诗云："白帝高为三峡镇,瞿塘险过百牢关。"

（4）第五套人民币20元背面桂林山水。

桂林山水甲天下,国家的名片上怎么能少了这"天下第一"的风景？桂林是世界著名的风景游览城市,漓江水清澈秀丽,有着举世无双的喀斯特地貌。"山青、水秀、洞奇、石美"是桂林"四绝"。

（5）第五套人民币50元背面西藏布达拉宫。

为了制作第五套人民币50元券的布达拉宫,上海印钞造币厂的两位高级美工来到拉萨考察。他们寻找很久,最终在一个水厂的厂房顶上找到"最佳角度"。他们先在这里拍照片、画素描图,经过反复修改和雕琢,最终设计出人民币上的图案。布达拉宫始建于公元7世纪,是藏王松赞干布为远嫁西藏的唐朝文成公主而建。在拉萨海拔3 700多米的红山上建造了999间房屋的宫宇,宫体主楼13层,高115米。

任务二　收银机的使用与实训

任务介绍

通过学习,了解收银机的结构和分类,掌握收银机的简单操作方法。

任务分析

1. 了解收银机的结构及分类。
2. 了解收银机的功能键及按键功能。
3. 掌握收银机的简易操作方法。
4. 了解收银机常见的故障与排除。

相 关 知 识

商业电子收银是微电子技术发展及现代化商品流通管理理念和技术发展结合的产物,而商业电子收银机则是现代化、自动化商业管理必不可少的基本电子设备之一。世界上最早的收银机于1879年由美国詹敏斯·利迪和约翰·利迪兄弟制造,其功能只实现营业记录备忘和监督雇用人的不轨行为。到20世纪60年代后期,随着电子技术的飞跃发展,日本率先研制成功了电子收银机(ECR)。电子收银机的发明具有划时代的意义,其技术性能和商业功能远远超过原型的机构式现金收款机,具有智能化、网络化多功能的特点,成为在商业销售上进行劳务管理、会计账务管理、商品管理的有效工具和手段。到20世纪80年代中期,功能强大的商业专用终端系统(POS)产生,成为第三代收银机。POS与ECR的最大区别在于它有着直接即时入账的特点,有着很强的网上实时处理能力。POS将电脑硬件和软件集成,形成一个智能型的,既可独立工作,也可在网络环境下工作的商业工作站。

任务实施

▶▶ 一、收银机的结构

收银机的结构非常简单,一般是由主机和钱箱两部分构成,其中主机包括显示器(分主显和客显两种)、打印机、键盘和方式锁(见图2-44)。

图2-44

1. 显示器

显示器是收银机的主要设备,通过显示器可以反映收银机的整个工作情况并能显示其处理效果。一般的收银机都有两个显示器,一个面向收款员,一个面向客户(顾客面为插入的"旗杆型")。面向顾客的显示板比较特殊,可拉起并作任意角度的旋转,可满足顾客在不同位置下的观察。收银机的显示器是由9位绿色七段数码管(带小数点)及两端箭头指示灯组成。顾客显示器与收款员显示器可同时显示,显示的内容是完全一样的。

图2-45 收款员显示器

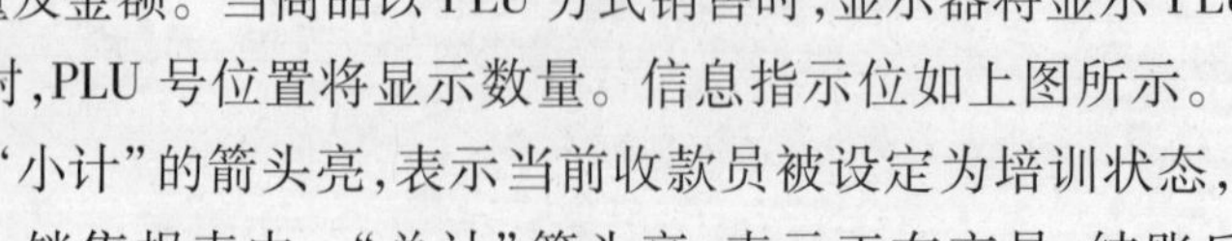

图2-46 顾客显示器

收银机的显示器可以显示两部分内容:数字位和信息指示位。数字位用来显示商品的编号、部类号、数量及金额。当商品以 PLU 方式销售时,显示器将显示 PLU 号及金额;当重复销售同一 PLU 时,PLU 号位置将显示数量。信息指示位如上图所示。在显示器两侧有六个箭头。其中,"小计"的箭头亮,表示当前收款员被设定为培训状态,此收款员所做的所有销售均不计入销售报表中。"总计"箭头亮,表示正在交易,结账后此箭头将灭掉。"找钱"箭头亮,表示打印机处于打印状态,此键箭头灭,则收银机销售后打印机将不打印收据。"经理"箭头亮,表示收银机在"经理"档。"X"箭头亮,表示收银机在"设置"档。"小计"、"总计"及"找钱"箭头指示只有在"收款"及"经理"档才会有效。

2. 打印机

打印机主要用于打印销售结算后的数据。

3. 键盘

收银机的型号不同,键盘的按键数就不同。常见的标准键盘有 41 键,分为四个部分,即数字键区、部门键区、结算功能键区和结算方式键区。不管哪类型号的收银机,键盘的功能只有在"收款"及"经理"档位上才有效。

4. 方式锁

收银机上的方式锁有六个档位,可分别反映:

(1) 断开:关闭显示器和键盘的电源。

(2) 收款:进行正常交易输入,无输入时显示时间。

(3) 经理:除可完成收款档所有功能外,还可进行变价交易。

(4) "X"档:读"X"报表,不清除报表数据。

(5) "Z"档:读"Z"报表,同时清除报表数据。

(6) 设置:对收银机进行功能及参数设置。

方式锁要通过键盘才能完成其功能,功能定义如下:

 方式锁 +"0",相当于断开;

 方式锁 +"1",收款档;

 方式锁 +"2",经理档,经理指示灯亮;

 方式锁 +"3",X 档,X 指示灯亮;

 方式锁 +"4",Z 档,Z 指示灯亮;

 方式锁 +"7",收银机设置档,经理指示灯和 Z 指示灯亮。

5. 钱箱

收银机上的钱箱是用来存放现金的,内有三个钞票盒、五个硬币盒,正常操作时会自动弹开。

▶▶ 二、收银机的分类

收银机按其行业划分,有"超市"型收银机和"餐饮"型收银机,这两类收银机要通过键盘转换,才能实现各自的功能。

收银机按其功能划分,有数字收银机、汉字收银机和 POS 机三种。

$$\text{收银机} \begin{cases} \text{数字收银机} \\ \text{汉字收银机} \\ \text{POS 机} \begin{cases} \text{品牌 POS} \\ \text{DIY-POS} \end{cases} \end{cases}$$

数字收银机与汉字收银机的区别:在打印数据时,前者用数字显示,后者用汉字显示。POS 机是性能较全的一种收银机,它类似一台小型计算机,具有计算机的基本功能。输入设备就是计算机的键盘。

三、收银机的功能键及按键功能

（一）收银机的功能键

收银机的种类很多，键盘形式各异，但键盘都包括以下几个部分：数字键、部门键、操作功能键和结账功能键，共有 41 个按键。

标准键盘如下（见表 2-4）。

表 2-4

数据走纸	出金	入金	%（+/-）	金额	交易取消
方式锁	#/非销售	收款员#	取消	更改	退货
清除	x	单价	PLU/#	部类#	支票
7	8	9	部类 7	部类 8	信用卡
4	5	6	部类 5	部类 6	小计
1	2	3	部类 3	部类 4	现金
0	00	.	部类 1	部类 2	

（二）标准键盘按键功能

1. 数据走纸：打印机走纸键，每按一次，打印机走纸一张。

2. 出金：用于确定从钱箱中提取现金。

3. 入金：用于确认向钱箱中加入备用金。

4. 方式锁：用于选择收银机的操作方式。使用该键时，要通过键盘中的数字键配合，才能完成其功能。

5. #/非销售：在无交易状态下，打开钱箱；在交易中，作为号码确认键。

6. 收款员：收款员号确认键，用于收款员登录。

7. 清除：清除输入的数字码或消除报警声，同时清屏。

8. X：数量乘号键，当三四个以上的同样的交易项要输入时，可以用数量乘来输入，以减少重复输入。

9. 单价：价格交易确认键，按该键即确认前面键入的价格为交易价格。

10. 金额折让：小计金额折扣确认键，按该键即确认前面键入的金额折扣值。

11. 取消：交易过程中，取消刚刚输入的商品项或部类项，及时更正。

12. 更改：在交易结束以前，取消交易过程中的任意一笔录入的商品项或部类项，过时更正。

13. 交易取消：清除当前输入的全部交易，使交易重新开始。

14. 退货：退货确认键。按下该键，即确认紧跟着输入的交易项为退货。

15. PLU#：商品代码确认键。键入商品编码后按该键，即确认商品所属代码；若无此代码，则声响报警，同时屏幕显示错误提示。

16. 部类#：部类确认键。键入部类号后按该键，即确认该部类。

17. 部类1—部类8：指定直接部类1—8键。

18. %、(+/-)：消极或单品折扣确认键。按该键即确认前面键入的折扣值；按小计键后的折扣被认为是小计折扣，否则为单品折扣。

19. 0—9：数字键。

20. 00：双"0"键，等同于按两次"0"键。

21. ·：小数点键，用于输入数量中的小数点，小数最大位数为小数点后3位。

22. 小计：按下该键，显示或同时打印本次销售中到目前为止的交易累计金额。

23. 信用卡：用于信用卡结算方式，按该键前可键入信用卡号。

24. 支票：用于支票结算方式，按该键前可键入支票号。

25. 现金：用于现金结算方式，按该键前可输入顾客付款金额。

▶▶ 四、收银机的简易操作方法

（一）日常操作

1. 开始营业

确定收银机的电源完全接好（见图2-47），检查是否有足够的打印纸打印收据，检查时间和日期是否正确，将方式锁置于"收款"档。

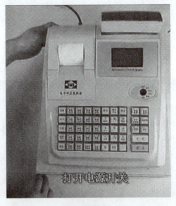

图 2-47

这时收银机处于正常销售状态(见图 2-48),显示器"找钱"指示灯亮。如果强制收款员登录,则要输入收款员号及密码进行登录。

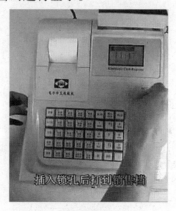

图 2-48

2. 停止营业

将方式锁置于"X"位置,读取报表;将方式锁置于"Z"位置,读取并清除报表。然后打开钱箱,取出现金。将方式锁置于"断开"位置,切断显示器电源(见图 2-49)。

图 2-49

(二) 基本操作

1. PLU 销售

PLU 的意思是编号商品价格,即用一串数字表示的商品代码。代码都是唯一的。这个代码包括了一件商品的价格、品名、归属类别。在销售时,输入商品的代码及商品代码确认键,收银机就可以打印出该商品的价格、品名等有关信息。这种利用商品代码进行销售的方式,就被称为 PLU 销售方式。

每个商品的中英文名称、价格所属部类及多种销售属性均可在 PLU 中预置(见图2-50)。

图 2-50

(1) PLU 逐项输入。

商品编号→PLU#→小计→付款金额→ $\begin{cases} 信用卡 \\ 支票 \\ 现金 \end{cases}$

(2) PLU 重复输入。在交易中,重复按 PLU#键就可以重复上一个 PLU 的输入过程。如果有 2 个以上的同样商品要输入,就可以按照这种方式进行。

商品编号→ PLU# →PLU#→PLU#→

(3) PLU 数量乘输入。当有多个相同的 PLU 交易项要输入时,采用数量乘输入方式是非常方便的。

商品数量→X→商品编号→PLU# $\begin{cases} 信用卡 \\ 支票 \\ 现金 \end{cases}$

说明:

(1) 商品编号表示输入内存,输入商品编号,屏幕显示输入的数字。

(2) PLU#表示功能按键,按PLU#确认键后,屏幕显示该商品归属类别及价格。

(3) 按小计键后,屏幕显示总金额。

(4) 当输入了付款金额后结账时,如果付款金额大于应付金额,屏幕显示找钱金额,交易结束;如果付款金额小于应付金额,则屏幕显示剩余总额(即显示总金额),此时交易未结束。

(5) 在交易中,"总计"及"找钱"的指示灯保持亮的状态。

(6) 当输入的 PLU 号在收银机中没有找到时,屏幕显示没有该 PLU 的错误代码信息,同时声响报警。

(7) 按PLU#确认键后,打印收据。

2. 更正功能

更正功能用来清除错误的输入,取消错误的输入而产生的交易或解决退货问题。

(1) 清除。用于清除错误输入,同时清除屏幕显示信息,无数据打印。

(2) 取消。在当前交易中任何刚刚输入的交易项都可用该键删除。

商品编号→PLU#→取消→

(3) 更改。当前交易中输入的 PLU 项要作废,可用"更改"键来进行过时更正,删除此交易中已被输入的项。

在对所需的 PLU 项输入过程中的任何时候(结算之前),按"更改"键后紧接着按输入项(在此交易中已被输入过的项)就可以删除输入项。

商品编号 1→PLU#→商品编号 2→PLU#→更改→商品编号 1→PLU#→

(4) 退货。一个 PLU 项已被顾客购买了(即该笔销售已经结算),而后要退货,就可用退货项输入来处理。

退货→商品编号→PLU#→

(5) 交易取消。当一些在当前销售中已经被输入,而顾客却要取消这笔交易的全部销售内容时,用"交易取消"键。

销售项输入→交易取消

3. 付款功能

主要用于交易结束时的付款方式。一般的收银机都有现金、记账、支票、信用卡四种付款方式,每笔交易可自由选择其中的全部或部分方式付款。

(1) 现金付款。当销售项全部输入完毕,顾客要用现金付款,用"现金"键结算该笔交易。

$$交易的全部项已输入→小计→\begin{cases}现金\\付款金额→现金\end{cases}$$

在使用"现金"键之前允许输入顾客付款金额。

(2) 非现金付款方式。当销售项全部输入完毕,顾客要用信用卡或支票结算时,同时使用非现金货币结算键。

$$销售输入项→小计→号码→\#/非销售→\begin{cases}支票\\信用卡\end{cases}$$

4. 出金、入金功能

出金、入金功能用于从钱箱中拿出与销售无关的现金,或是将备用金放入钱箱中。此操作必须在一笔销售之外进行。

收据打印出操作过程:

(1) 当进行出、入金操作时,显示器左两位显示出、入金描述符,右边显示金额数量。

(2) 出金描述符为"PO",入金描述符为"RA"。

四、收银机常见的故障与排除

收银机在使用过程中,常常会出现一些小的故障,操作人员在操作过程中遇到这些小故障,可以直接排除,以免影响正常的工作。

(1) 操作结束前,方式开关位置发生变动,操作不完整。

排除方法:把方式开关切换到原位置并结束操作。

(2) 由于缺少打印纸或打印纸安装不正确,造成打印机出现错误。

排除方法:关掉电源,从打印机上取下收银纸,重新安装,然后再打开电源。

(3) 未输入收银员的情况下登录,机器不运行。

排除方法:将收银员登录号登录(部分收银机要求强制登录收银号)。

(4) 使用了未编辑的PLU或价格目录进行操作。

排除方法:先编辑后使用。

(5)输入的数字(或小数点)超出限标。

排除方法:重新输入正确的数字。

(6)运算结果太大或太小,造成溢出错误。

排除方法:将太大或太小的运算分开进行。

收银机重在强化实践操作,能够简单掌握收银机常见的故障与排除。

掌握收银机键盘

1. 收银机键盘的输入技能训练

(1)学生分小组学习收银机键盘的输入及作用。

(2)学生练习,小组内进行竞赛。

(3)组间进行竞赛,填写技能训练测试单(见表2-5)和技能训练考核得分表(见表2-6)。

(4)组员和小组长分别进行小结,并进行自评和互评。

(5)教师进行点评并总结。

2. 收银机键盘的输入训练注意事项

(1)教师要引导学生进行理论学习,可提出学习提纲。

(2)小组组长要负起责任,使分组活动更有效果。

(3)培养学生的团队协作能力及领导能力。

(4)技能训练建议学时:2学时(教师讲解20分钟,学生练习30分钟,学生竞赛点评30分钟)。

3. 收银机键盘的输入技能训练评价标准

评分标准		收银机键盘的输入及作用表述准确,满分为100分,60分为及格
具体标准	速度评分	在30分钟内完成得40分,提前不加分,每超过1秒扣5分,超过5秒停止操作
	质量评分	收银机键盘的输入及作用表述准确得60分,错1处扣10分,错2处以上计0分

表 2-5　收银机键盘的输入技能训练测试单

姓名		收银机编号		
速度得分(40分)	使用时间		得分/分	项目得分/分
	30秒及30秒以内		40	
	31秒		35	
	32秒		30	
	33秒		35	
	34秒		20	
	35秒		15	
	35秒以上		0	
质量得分(60分)				
名称	输入情况（正确/错误）	作用	表述情况（正确/错误）	项目得分/分
总　分				

表 2-6　收银机键盘的输入技能训练考核得分表

姓名	速度得分(10分)	质量得分(90分)	总分(100分)
第一次考核			
第二次考核			
第三次考核			
总平均分			

课外学习指要

上网浏览下面网址：http://v.ku6.com/show/-NFA08WG1EQ7LjcDPgjU1g...html；掌握收银机的使用方法。

项目三

点钞技术

任务一 手工点钞方法与实训

子任务一 手持式点钞法

任务介绍

通过学习掌握手持式点钞方法和技能。

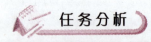**任务分析**

掌握手持式单指单张点钞方法。

相 关 知 识

手持式点钞法适用范围较广,可用于收款、付款和整点各种新旧、大小面额的钞票。其优点是持票面积小,清点钞票时能看到3/4的票面,逐张捻动手感强,容易发现假票,便于挑取残破票;其缺点是劳动强度大,速度慢。

这是用一个手指一次点一张钞票的方法,是点钞中最基本也是最常用的一种方法。

点钞前最好能将桌面上的物品摆放整齐、有序,便于点钞时拿取物品。通常,钞票放在正中间,捆钞带放在右前方,姓名章放在右侧。

任务实施

具体操作方法可以分为持把、清点记数、挑残、墩齐、捆把、盖章六个步骤。使用该方法点钞时可不需要借助桌案来完成,适用于任何场合。

1. 持把

(1) 把钞票整理齐。如图 3-1 所示。

图 3-1 持把一

(2) 将钞票一端竖直插入左手的中指与无名指之间。如图 3-2 所示。

图 3-2 持把二

(3) 左手抓成拳状夹紧钞票,右手拿住另一端,由下往上,由里向外翻转钞票成弧形。在扭转的过程中,使钞票两侧形成一个自然的坡度。如图 3-3、图 3-4 所示。

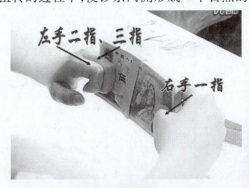

图 3-3 持把三

图 3-4 持把四

(4)空出左手拇指捏住钞票上端两侧。如图3-5所示。

图3-5 持把五

2. 清点记数

(1)右手食指、中指靠在纸印后面,拇指往手心方向捻动钞票。如图3-6、图3-7所示。

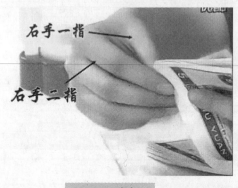

图3-6 清点一

图3-7 清点二

(2)无名指勾住该钞票往手心弹动,使其快速下降,从而完成点数动作。

如此重复,直到点完为止。熟练者也可用右手拇指一次捻动2~3张钞票,以加快点数速度。如图3-8、图3-9、图3-10所示。

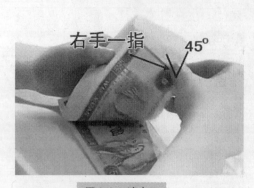

图3-8 清点三

图3-9 清点四

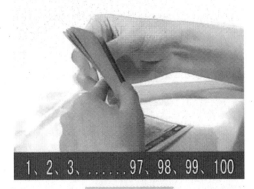

图 3-10 记数

（3）挑残。在清点过程中如遇有残破票可以将其挑出。如图 3-11 所示。

图 3-11 挑残

（4）墩齐。左手四指并拢，与右手四指同时握住钞票左右两端，两手拇指按住上端，向下墩钞票几次，保证钞票四边整齐。如图 3-12 所示。

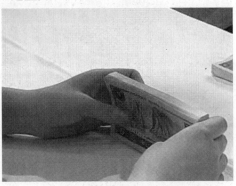

图 3-12 墩齐

（5）捆把。

① 左手五指扶住钞票，食指可放在上部，拇指与其余手指从前后两面捏住钞票。如图 3-13 所示。

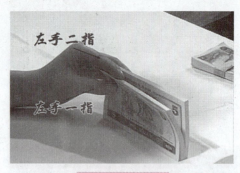

图 3-13 捆把一

② 右手拇指与食指拿住捆钞带。如图 3-14 所示。

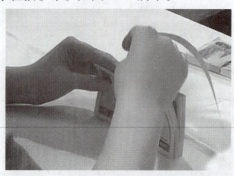

图 3-14 捆把二

③ 用右手中指或食指将捆钞带插进钞票 1/2 处。如图 3-15 所示。

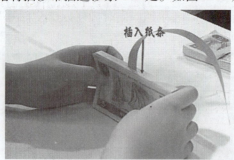

图 3-15 捆把三

④ 左手握住钞票下端,略弯曲成瓦状,右手食指和中指夹住捆钞带由里往外绕缠。如图 3-16 所示。

图 3-16 捆把四

⑤ 绕缠两周,回到左手拇指处。如图 3-17、图 3-18 所示。

图 3-17 捆把五

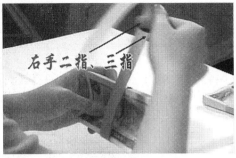
图 3-18 捆把六

⑥ 折一直角与缠绕的捆钞带呈垂直状。如图 3-19 所示。

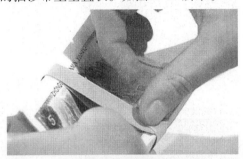
图 3-19 捆把七

⑦ 用右手食指将捆钞带从竖向捆钞带下塞过。如图 3-20 所示。

图 3-20 捆把八

⑧ 绕两周,稍拉紧,要求每个转角成直线,整体横平竖直。

⑨ 最后,将钞票用双手展平。如图 3-21 所示。

图 3-21 捆把九

（6）盖章。有时为明示钞票已由专人清点过,在捆把后需由清点者在捆钞带上盖章。

手持式点钞法要重点掌握点钞的流程和方法。

掌握手持式单指单张点钞法

1. 手持式单指单张点钞法的技能训练步骤

（1）学生分小组学习手持式单指单张点钞法。

（2）学生练习,小组内进行点钞竞赛。

（3）组间进行点钞竞赛,填写技能训练测试单(见表3-1)和技能训练考核得分表(见表3-2)。

（4）组员和小组组长分别进行小结,并进行自评和互评。

（5）教师进行点评并总结。

2. 手持式单指单张点钞法的技能训练注意事项

（1）教师要引导学生进行理论学习,可提出学习提纲。

（2）小组组长要负起责任,使分组活动更有效果。

（3）培养学生的团队协作能力以及领导能力。

（4）技能训练建议学时:2学时(教师讲解20分钟,学习练习30分钟,学生竞赛总评30分钟)。

3. 手持式单指单张点钞法技能训练评分标准

评分标准		速度分为40分,质量分为50分,捆扎、外观各为5分,60分为及格
具体标准	速度评分	在40秒内完成得40分,提前不加分,每超过10秒扣5分,超过30秒停止操作
	测量评分	符合质量标准得50分,错1张扣10分,错2张及以上均不计分
	捆扎	捆扎牢固得5分,否则为0分
	外观	外观整齐得5分,否则为0分

表 3-1　手持式单指单张点钞法技能训练测试单

姓名		钞票编号		
速度得分(40 分)	使用时间	得分/分	项目得分/分	
	40 秒及 40 秒以内	40		
	50 秒	35		
	60 秒	30		
	70 秒	25		
	70 秒以上	0		
质量得分(50 分)	点钞张数	得分/分		
	正确	50		
	错 1 张	40		
	错 2 张以上	0		
捆扎得分(5 分)				
外观得分(5 分)				
总　　分				

表 3-2　手持式单指单张点钞法技能训练考核得分表

姓名	速度得分 (40 分)	质量得分 (50 分)	捆扎得分 (5 分)	外观得分 (5 分)	总分 (100 分)
第一次考核					
第二次考核					
第三次考核					
总平均分					

课外学习指要

观看下列网址掌握手持式单指单张点钞法：http://v.youku.com/v_show/id_XNjIyODI2Mjg0.html？tpa=dW5pb25faWQ9MTAyMjEzXzEwMDAwMl8wMV8wMQ。

子任务二　手按式点钞法

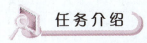

通过学习掌握手按式点钞方法和技能。

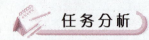

掌握手按式单指单张点钞方法。

手按式点钞看到的钞票面积大,便于挑取残破票和发现假票,只是点钞速度比手持式单指单张点钞法慢,劳动强度相对来说也要大些。

具体操作方法是:按钞、清点记数、挑残、捆绑、盖章。

手按式点钞法时指清点者在点数过程中要把钞票按在桌面上,才能完成点钞动作的方法。手按式单指单张点钞法是指直接参与捻点的只有一个手指,每次捻点只点出一张钞票的方法。该方法有利于在点清钞票数量的同时能着重看钞票的真伪和残损。

任务实施

具体操作步骤如下:

(1)按钞。把钞票横放在桌面上,用左手无名指、小指按住钞票左上角,右手无名指、小指按住钞票右上角。如图3-22所示。

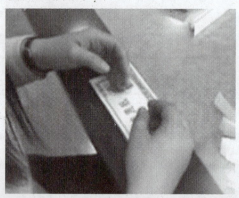

图3-22 按钞

(2)清点记数。用右手拇指托起部分钞票的右下角,然后用右手食指捻动钞票,每捻起一张,左手拇指即往上推送到食指和中指指尖夹住。如图3-23、图3-24所示。如此反复,直到点完为止。

图3-23 清点一

图3-24 清点二

（3）挑残。清点中如有残破票将其挑出。
（4）捆把。与手持式点钞法要求相同。
（5）盖章。与手持式点钞法要求相同。

归纳总结

手按式点钞法要重点掌握点钞的流程和方法。

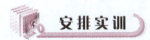
安排实训

一、实训目的

掌握手按式单指单张点钞法。

二、实训要求及过程

1. 手持式单指单张点钞法的技能训练步骤

（1）学生分小组学习手按式单指单张点钞法。

（2）学生练习，小组内进行点钞竞赛。

（3）组间进行点钞竞赛，填写技能训练测试单（见表3-3）和技能训练考核得分表（见表3-4）。

（4）组员和小组组长分别进行小结，并进行自评和互评。

（5）教师进行点评并总结。

2. 手按式单指单张点钞法的技能训练注意事项

（1）教师要引导学生进行理论学习，可提出学习提纲。

（2）小组组长要负起责任，使分组活动更有效果。

（3）培养学生的团队协作能力以及领导能力。

（4）技能训练建议学时：1学时（教师讲解10分钟，学生练习30分钟）。

3. 手按式单指单张点钞法技能训练评分标准

具体标准	评分标准	速度分为40分,质量分为50分,捆扎、外观各为5分,60分为及格
	速度评分	在30秒内完成得40分,提前不加分,每超过10秒扣5分,超过30秒停止操作
	测量评分	符合质量标准得50分,错1张扣10分,错2张及以上均不计分
	捆扎	捆扎牢固得5分,否则为0分
	外观	外观整齐得5分,否则为0分

表3-3 手按式单指单张点钞法技能训练测试单

姓名		钞票编号		
速度得分(40分)	使用时间	得分/分		项目得分/分
	30秒及30秒以内	40		
	40秒	35		
	50秒	30		
	60秒	25		
	60秒以上	0		
质量得分(50分)	点钞张数	得分/分		
	正确	50		
	错1张	40		
	错2张以上	0		
捆扎得分(5分)				
外观得分(5分)				
总 分				

表3-4 手按式单指单张点钞法技能训练考核得分表

姓名	速度得分(40分)	质量得分(50分)	捆扎得分(5分)	外观得分(5分)	总分(100分)
第一次考核					
第二次考核					
第三次考核					
总平均分					

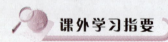

观看下列网址掌握手按式单指单张点钞法:http://v.youku.com/v_show/id_XNjIyODI2Mjg0.html?tpa=dW5pb25faWQ9MTAyMjEzXzEwMDAwMl8wMV8wMQ。

子任务三 扇面式点钞法

通过学习掌握扇面式点钞方法和技能。

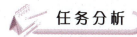

1. 掌握扇面式一按多张点钞法。
2. 掌握扇面式多指多张点钞法。

相 关 知 识

扇面点钞最适合用于整点新券及复点工作,是一种效率较高的点钞方法。但这种点钞方法清点时往往只看票边,票面可视面极小,不便挑剔残破券和鉴别假票,不适用整点新旧币混合的钞券。

扇面点钞法一般有拆把、开扇、清点、记数、合扇、墩齐或扎把等基本环节。由于清点方法不同,可分为一按多张点钞与多指多张点钞两种。一次按得越多,点数的难度就越大,初学者应注意选择适当的张数。

任务实施

▶▶ 一、扇面式一按多张点钞法

1. 持票拆把,钞券竖拿

左手拇指在票前、食指和中指在票后一并捏住钞券左下角约三分之一处,左手无名指和小指自然弯曲。右手拇指在票前,其余四指横在票后约二分之一处,用虎口卡住钞券,并把钞券压成瓦形,再用拇指勾断钞券上的腰条纸做开扇准备。如图3-25所示。

图 3-25　持票

2. 开扇

开扇也叫打扇面,是扇面点钞最关键的环节。扇面开得匀不匀,直接影响到点钞的准确性。因此,扇面一定要开得均匀,即每张钞券的间隔要均匀。开扇有一次性开扇和多次开扇两种方法。一次性开扇的方法是:以左手为轴,以左手拇指和食指持票的位置为轴心,右手拇指用力将钞券往外推,右手食指和中指将钞券往怀里方向转过来然后向外甩动,同时左手拇指和食指从右向左捻动。左手捻右手甩要同时进行。一次性开扇效率高,但难度较大。开扇时要注意左右手协调配合,右手甩扇面要用劲,右手甩时左手拇指要放松,这样才能一次性甩开扇面,并使扇面开得均匀。

多次开扇的方法是:以左手为轴、右手食指和中指将钞券向怀里左下方压,用右手腕把钞券压弯,稍用力往怀里方向从右侧向左侧转动,转到左侧时右手将压弯的钞券向左上方推起,拇指和食指向左捻动,左手拇指和食指在右手捻动时略放松,并从右向左捻动。这样反复操作,右手拇指逐次由钞券中部向下移动,移至右下角时即可将钞券推成扇形面。然后双手持票,将不均匀的地方拉开抖开,钞券的左半部向左方抖开,右半部的钞券向右方抖开。这种开扇方法较前一种费时,但比较容易掌握。用这种方法开扇时要注意开扇动作的连贯性,动作不连贯,会影响整体点钞速度。如图 3-26、图 3-27 所示。

图 3-26　开扇一

图 3-27　开扇二

3. 清点

清点时,左手持扇面,扇面平持但钞券上端略上翘使钞券略略倾斜,右手中指、无名指、小指托住钞票背面,右手拇指一次按 5 张或 10 张钞券,按下的钞券由食指压住,接着拇指按第二次,以此类推。同时,左手应随着右手点数的速度以腕部为轴稍向怀里方向转动。

用这种方法清点时,要注意拇指下按时用力不宜过大,下按时拇指一般按在钞券的右上角。从下按的张数来看,如出纳员经验丰富,也可一次下按 6 张、8 张、12 张、14 张、16 张等。如图 3-28、图 3-29 所示。

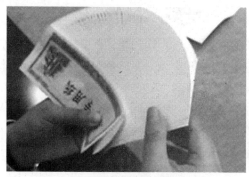

图 3-28　清点一

图 3-29　清点二

4. 记数

采用分组记数法。一按 5 张即每 5 张为一组,记满 20 组为 100 张。一按 10 张即每 10 张为一组,记满 10 组即为 100 张。其余类推。如图 3-30 所示。

图 3-30　记数

5. 合扇

清点完毕即可合扇。合扇时,左手用虎口松拢钞券向右边压;右手拇指在前,其余四指在后托住钞券右侧并从右向左合拢,左右手一起往中间稍用力,使钞券竖立在桌面上,两手松拢轻墩。钞券墩齐后即可扎把。如图 3-31 所示。

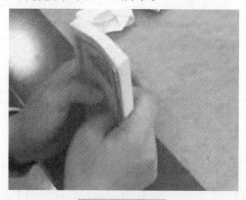

图 3-31　合扇

二、扇面式多指多张点钞法

扇面式多指多张点钞,有一指下 5 张、6 张、7 张、8 张等,最多可达 15 张,因此这种点钞方法的速度相当快。这种点钞方法的持票、拆把、开扇、记数、合扇等方法与扇面一按多张点钞相同,仅清点方法有所区别。故这里只介绍它的清点操作过程,并以四指 5 张为例。

清点时,左手持扇面,右手清点。先用左手拇指下按第一个 5 张。然后右手指沿钞券上端向前移动按下第二个 5 张,中指和无名指依次下按第三、第四个 5 张,这样即完成一组动作。当无名指下按第四个 5 张后,拇指应迅速接着下按第一个 5 张,即开始第二轮的操作。四个手指依次轮流反复操作。由于左手指移动速度快,在清点过程中要注意右臂要随各个手指的点数轻轻向左移动,还应注意每指清点的张数应相同。下按 6 张、7 张等钞券的方法与下按 5 张相同。

用五个手指、三个手指、二个手指均可清点。其清点方法与四指多张相同。

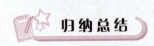

扇面式点钞要重点掌握点钞的流程和方法。

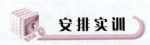

一、扇面式点钞法的技能训练步骤

(1)学生分小组学习扇面式点钞法。
(2)学生练习,小组内进行点钞竞赛。
(3)组间进行点钞竞赛,填写技能训练测试单(见表 3-4)和技能训练考核得分表(见表 3-5)。

表 3-4　扇面式点钞法技能训练测试单

姓名		钞票编号	
速度得分(40 分)	使用时间	得分/分	项目得分/分
	30 秒及 30 秒以内	40	
	40 秒	35	
	50 秒	30	
	60 秒	25	
	60 秒以上	0	

续表

质量得分(50分)	点钞张数	得分/分	
	正确	50	
	错1张	40	
	错2张以上	0	
捆扎得分(5分)			
外观得分(5分)			
总　分			

表3-5　扇面式点钞法技能训练考核得分表

姓名	速度得分(40分)	质量得分(50分)	捆扎得分(5分)	外观得分(5分)	总分(100分)
第一次考核					
第二次考核					
第三次考核					
总平均分					

(4) 组员和小组组长分别进行小结,并进行自评和互评。

(5) 教师进行点评并总结。

二、扇面式点钞法的技能训练注意事项

(1) 教师要引导学生进行理论学习,可提出学习提纲。

(2) 小组组长要负起责任,使分组活动更有效果。

(3) 培养学生的团队协作能力以及领导能力。

(4) 技能训练建议学时:1学时(教师讲解10分钟,学习练习30分钟)。

三、扇面式点钞法技能训练评分标准

评分标准		速度分为40分,质量分为50分,捆扎、外观各为5分,60分为及格
具体标准	速度评分	在30秒内完成得40分,提前不加分,每超过10秒扣5分,超过30秒停止操作
	测量评分	符合质量标准得50分,错1张扣10分,错2张及以上均不计分
	捆扎	捆扎牢固得5分,否则为0分
	外观	外观整齐得5分,否则为0分

上网观看扇面点钞教学视频 http://www.tudou.com/programs/view/CRRFprdFpG0。

任务二　机器点钞方法与实训

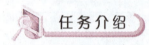

通过学习掌握机器点钞的方法。

1. 了解点钞前的准备工作。
2. 掌握点钞机操作程序。
3. 了解机器点钞容易发生的差错和防止方法。

相 关 知 识

点钞机(Cash registers)是一种自动清点钞票数目的机电一体化装置,一般带有伪钞识别功能。点钞机是中国人发明的,中国第一台点钞机是沈阳银行郭殿户研制的。20 世纪 80 年代到 90 年代中期,点钞机主要是小作坊式生产,主要分布在浙江温州和上海等地。20 世纪 90 年代到 21 世纪初,出现了专门生产点钞机的大型企业,有广州康艺点钞机、上海古鳌点钞机、中山百佳点钞机、佛山沃龙点钞机等一些龙头企业。现在中国的点钞机具有数字、电子和机械相结合的功能,使点钞机技术更加稳定和成熟。

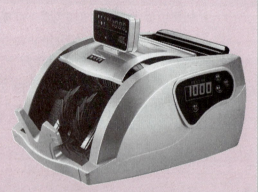

图 3-32

点钞面由三大部分组成。第一部分是捻钞;第二部分是计数;第三部分是传送整钞。如图 3-32 所示。

捻钞部分由下钞斗和捻钞轮组成。其功能是将钞券均匀地捻下送入传送带。捻钞是否均匀,计数是否准确,其关键在于下钞斗下端一组螺丝的松紧程度。使用机器点钞时,必须调节好螺丝,掌握好下钞斗的松紧程度。

计数部分(以电子计数器为例)由光电管、灯泡、计数器和数码组成。捻钞轮捻出的每张钞券通过光电管和灯泡后,由计数器记忆并将光电信号轮换到数码管上显示出来。数码管显示的数字,即为捻钞张数。

传送整钞部分由传送带、接钞台组成。传送带的功能是传送钞券并拉开钞券之间的距离,加大票币审视面,以便及时发现损伤券和假币。接钞台是将落下的钞券堆放整齐,为扎把作好准备。

任务实施

一、点钞前的准备工作

（一）放置好点钞机

点钞机一般放在桌上,点钞员的正前方,离胸前30厘米左右。临柜收付款时也可将点钞机放在点钞桌肚内,桌子台面上用玻璃板,以便看清数字和机器运转情况。

（二）放置好钞券和工具

机器点钞是连续作业,且速度相当快,因此清点的钞券和操作的用具摆放位置必须固定,这样才能做到忙而不乱。一般未点的钞券放在机器右侧,按大小票面顺序排列,或从大到小,或从小到大,切不可大小夹杂排列;经复点的钞券放在机器左侧;腰条纸应横放在点钞机前面即靠点钞员胸前的那一侧,其他各种用具放置要适当、顺手。

（三）试机

首先检查各机件是否完好,再打开电源,检查捻钞轮、传送带、接钞台运行是否正常;灯泡、数码管显示是否正常,如荧光数码显示不是"00",那么按"0"键钮,使其复位"0"。然后开始调试下钞斗,松紧螺母,通常以壹元券为准,调到不松、不紧、不夹、不阻塞为宜。调试时,右手持一张壹元券放入下钞斗,捻钞轮将券一捻住,马上用手抽出,以捻得动抽得出为宜。如图3-33、图3-34所示。

图3-33

图3-34

调整好点钞机后,还应拿一把钞券试试,看看机器转速是否均匀,下钞是否流畅、均匀,点钞是否准确,落钞是否整齐。若传送带上钞券排列不均匀,说明下钞速度不均,要检查原因或调节下钞斗底冲口而出螺丝;若出现不整齐、票面歪斜现象,说明下钞斗与两边的捻钞轮相距不均匀,往往造成距离近的一边下钞慢,钞券一端向送钞台倾斜,传送带上钞券呈一斜面排列,反之下钞快。这样应将下钞斗两边的螺丝进行微调,直到调好为止。

二、点钞机操作程序

点钞机的操作程序与手工点钞操作程序基本相同。

（一）持票拆把

用右手从机器右侧拿起钞券,右手钞券横执,拇指与中指、无名指、小指分别捏住钞券两侧,拇指在里侧、其余三指在外侧,将钞券横捏成瓦形,中指在中间自然弯曲。然后用左手将腰条纸抽出,右手将钞券速移到下钞斗上面,同时用右手拇指和食指捏住钞券上侧,中指、无名指、小指松开,使钞券弹回原处并自然形成微扇面,这样即可将钞券放入下钞斗。

（二）点数

将钞券放入下钞斗,不要用力。钞券经下钞斗通过捻钞轮自然下滑到传送带,落到接钞台。下钞时,点钞员眼睛要注意传送带上的钞券面额,看钞券是否夹有其他票券、损伤券、假钞等,同时要观察数码显示情况。拆下的封条纸先放在桌子一边不要丢掉,以便查错用。如图3-35所示。

图3-35 点数一

图3-36 点数二

（三）记数

当下钞斗和传送带上的钞券下张完毕时,要查看数码显示是否为"100"。如反映的数字不为"100",必须重新复点。在复点前应先将数码显示置"00"状态并保管好原把腰条纸。如经复点仍是原数,又无其他不正常因素时,说明该把钞券张数有误,即应将钞券连同原腰条纸一起用新的腰条纸扎好,并在新的腰条纸上写上差错张数,另作处理。如图3-36所示。

一把点完,计数为百张,即可扎把。扎把时,左手拇指在钞券上面,手掌向上,将钞券从按钞台里拿出,把钞券墩齐后进行扎把。

（四）盖章

复点完全部钞券后,点钞员要逐把盖好名章。盖章时要做到先轻后重,整齐、清晰。如图3-37所示。

图 3-37　盖章

由于机器点钞速度快,要求两手动作要协调,各个环节要紧凑,下钞、拿钞、扎把等动作要连贯,当右手将一把钞券放入下钞斗后,马上拆开第二把,准备下钞,眼睛注意观察传送带上的钞券。当传送带上最后一张钞券落到接钞台后,左手迅速将钞券拿出,同时右手将第二把钞券放入下钞斗,然后对第一把钞券进行扎把。扎把时眼睛仍应注意观察传送带上的钞券。当左手将第一把钞券放在机器左侧的同时,右手从机器右侧拿起第三把钞券作好下钞准备,左手顺势抹掉第一把的腰条纸后,迅速从接钞台上取出第二把钞券进行扎把。这样顺序操作,连续作业,才能提高工作质量和工作效率。在连续操作的过程中,须注意以下问题:

第一,原把腰条纸要顺序更换,不得将前把与后把腰条纸混淆,以分清责任。

第二,钞券进入接钞台后,左手取钞必须取净,然后右手再放入另一把钞券,以防止串把现象。

第三,如发现钞券把内有其他券种或损伤券及假币时,应随时挑出并补上完整券后才能扎把。

机器点钞连续操作,归纳起来要做到"五个二":

二看:看清跑道票面,看准计数。

二清:券别、把数分清,接钞台取清。

二防:防留张,防机器吃钞。

二复:发现钞券有裂缝和夹带纸片要复,计数不准时要复。

二经常:经常检查机器底部,经常保养、维修点钞机。

三、机器点钞容易发生的差错和防止方法

1. 接钞台留张

左手到接钞台取钞时,有时会漏拿一张,造成上下把钞数不符。防止方法:取尽接钞台内的钞券或采取不同的票面交叉进行清点。

2. 机器"吃钞"

引起机器吃钞的主要原因是:钞券较旧,很容易卷到输钞轴上或带进机器肚内;出钞歪斜,容易引起输钞紊乱、挤扎或飞张,也有可能被下钞轮带进机器肚内。防止方法:调整好

面板和调节螺丝,使下钞流畅、整齐;输钞紊乱、挤轧时要重新清点一遍;要检查机器底部和前后输钞轴是否有钞券夹住。

3. 多计数

造成多计数的原因主要有:机器在清点辅币、旧币时容易发生飞张造成多计数;钞券开档破裂,或一把钞券内残留纸条、杂物等,也会造成多计数。防止的方法是:可将钞券调头后再清点一遍,或将机器内杂物、纸条取出后再点一遍。

4. 计数不准

计数不准除了电路毛病和钞券本身的问题外,光电管、小灯泡积灰、电源、电压大幅度升降都会造成多计数或少计数。防止的方法是:经常打扫光电管和小灯泡灰尘,荧光数码管突然计数不准,要立即停机,检查机器的线路或测试电压等。

机器点钞重点掌握点钞的流程,同时要了解机器点钞容易发生的差错和防止方法。

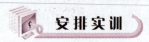

一、实训目的

掌握机器点钞的方法。

二、实训准备

(1) 点钞机 5 台。

(2) 练功券 100 捆。

(3) 捆扎条若干。

三、实训过程

(1) 将学生按 4 人一组进行分组,分成 5 组。

(2) 每组领取 20 捆练功券。

(3) 各小组按照机器点钞的流程进行点钞练习。

(4) 各小组组长陈述在点钞过程中的优点和存在问题及不足。

(5) 各小组推荐一名成员进行机器点钞操作训练比赛。

(6) 小组比赛结果成绩评比。

(7) 教师对比赛进行点评。

课外学习指要

上网浏览 http://www.tudou.com/programs/view/oQCJGVmm8HE/（深圳市商业银行营业服务规范技能篇），掌握机器点钞过程。

任务三　点钞技能大赛训练

任务介绍

通过学习掌握技能大赛对单指单张点钞技术的训练要求。

任务分析

1. 了解点钞内容与要求及竞赛时间。
2. 掌握手工点钞竞赛具体规则及注意事项。
3. 掌握点钞评分标准。

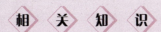

1. 手持式单指单张点钞法

手持式单指单张点钞法，是点钞中最常用的一种方法，它运用的范围较广，可用于收款、付款和整点各种新旧、大小面额的钞票。

使用这种点钞方法，由于持票面积小，清点钞票时能看到的票面大，逐张捻动手感强，因而容易发现假票，便于挑剔损伤券，优点很多，但是也有缺点，那就是点一张记一个数，比较费力。

具体操作方法可以分为持钞、点数、记数、挑残、扎把、盖章六个步骤。

2. 手按式单指双张点钞法

单指双张点钞法，是在熟练掌握单张点钞法基础上的又一种点钞方法。单指双张点钞是通过右手拇指一次捻动两张钞票对票币进行点数的方法。这也是它与单指单张点钞法的主要区别。

操作要领如下：

（1）持钞。

单指双张点钞法左手的持币动作同单指单张点钞法的持币动作，而右手的准备动作与单指单张点钞法准备动作的区别是右手拇指用指肚轻轻按在票币的右上角。

（2）点数的指法。

点钞时，右手拇指指肚上侧1/2处，轻轻将第一张票币向右下方45°角的方向捻动，当拇指指尖接触第三张票币时，右手拇指指尖上侧稍加用力，继续向右下方45°方向同时捻动两张票币，当第二张票币捻出一个边，背面形成一个小的弧度时，无名指尖将两张票币同时弹出，右手拇指迅速回位，捻下一组票币，往返运动，将票币点完。

应注意的问题：

（1）在点钞中，因掌握要领不对，动作脱节，不连贯，会影响点钞的速度。

（2）右手拇指捻币的位置、力度要一致，避免出现有时捻两张，有时捻三张的现象，而影响记数。

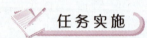

一、点钞竞赛内容及要求

点钞技能比赛采用单指单张点钞指法，统一使用面值为壹佰元的练功券。采用限时不限量，统一计时和报时的方法进行比赛。比赛由大会准备点钞练功券、捆钞腰条，个人自带圆珠笔、海绵缸、印泥、个人名章等物品。每场比赛设置0—10个差错，在规定的时间内，选手完成拆把、点数、挑错、扎把、盖章5道工序。

二、点钞竞赛时间

每组每场均为5分钟（比赛分批进行，每批次约50人，原则上场次间隔时间约30分钟）。

三、手工点钞竞赛具体规则及注意事项

① 选手在比赛开始前20分钟凭本人参赛证、身份证件进入赛场，对号入座；将参赛证和身份证件放置在课桌右上角，以便裁判员核查。

② 选手自带圆珠笔、个人名章、海绵缸、印泥等比赛用具。

③ 选手必须按顺序点钞，不得有跳张、摔把等作弊行为，凡作弊者，成绩作零分处理。

④ 比赛前宣读比赛规则，并预留3分钟给选手整理核对比赛用钞把（核对点钞把顺序号正确与否）。

⑤ 点钞比赛设错方式：净场后现场设错。

⑥ 比赛时，选手听到裁判长发出的"预备"口令时，选手可拿起点钞把，听到"开始"口令后选手开始点钞。

⑦ 比赛报时：在比赛结束前30秒由负责计时的裁判员宣布"倒计时30秒"，最后10秒钟开始读秒，当选手听到"时间到"的口令后，立即停止手中一切操作，起立后在原位等待裁判员评判分。

⑧ 点钞评分表由裁判员评判分后由裁判员和选手在《单指单张点钞技术评分表》下方的签名处各自签字。

评判分出现异议时，选手不得与裁判员争执，应通过领队与总裁判长现场解决。

⑨ 点钞比赛必须拆去原把腰条。发现错把时，在新腰条上用"＋X"或"-X"表示多张或少张数，并将原把腰条扎在新腰条下面或夹在已点把中（保留的原腰条必须能看出原编的序号）。

⑩ 已点钞把的放置方法：应将正确把与差错把分别放置。

四、点钞评分标准

参见《单指单张点钞技术评分表》。

(1) 不计成绩。

① 未能挑出差错或误挑差错3把以上（不含3把）；② 未按原把顺序点钞；③ 未使用规定点钞指法点钞；④ 使用滚轮章、手指章；⑤ 提前将新腰条盖好个人名章及其他作弊行为；⑥ 漏拆原腰条。

(2) 扣计成绩。

① 扎把不紧，能自然抽张，每把扣计10张；

② 扎把露头5毫米以上，每把扣计10张；

③ 漏盖名章、盖章不清，每把扣计10张；

④ 已点差错把未夹原腰条，每把扣计100张；

⑤ 已点券扎把后发生散把（包括腰条扣散开的）每把扣计100张；

⑥ 整把点错张数3把以内者（含3把），该把不计成绩，每把再倒扣100张；

⑦ 尾零张计数：由参加比赛人自行决定尾零张是否纳入点钞成绩计数。如纳入，正确时按实际点钞张数计数，错误时已点尾零张不计成绩，再倒扣自报已点张数；

⑧ 实际点钞成绩等于已点整把张数，加计自报已点尾零张数，减计应扣计张数。

单指单张点钞技术评分表

代表队名称：_____ 姓名：_____ 性别：_____
身份证号：_____ 参赛证号：_____

不计成绩	1. 未能挑出差错或误挑差错3把以上（不含3把）
	2. 未按原把顺序点钞
	3. 未使用规定点钞指法点钞
	4. 使用滚轮章、手指章
	5. 考核前将新腰条盖好个人名章及其他作弊行为
	6. 漏拆原腰条

续表

扣计成绩	1. 扎把不紧,能自然抽张:	10×	=
	2. 扎把露头 5 毫米以上:	10×	=
	3. 漏盖名章、盖章不清:	10×	=
扣计成绩	4. 已点差错把未夹原腰条:100×		=
	5. 已点券扎把后发生散把(包括腰条扣散开的):100×		=
	6. 整把点错张数 3 把以内(含 3 把),该把不计成绩,再倒扣 100 张。200×		=
	7. 尾零扣计数:自报数×2 =		
计算分值	实际点钞:_____把(张);自报尾零_____张;减扣计_____张。		
总计得分			

执行裁判员签名:　　　　　　　　　　　　选手签名:

在了解和掌握技能大赛对点钞要求后,要重点加强技能训练。

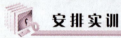

(1) 发放准备好的练功券每人 10 本。
(2) 发放答案纸。
(3) 教师计时 2 分钟内完成点钞和答案的填写。
(4) 反复循环上述(1)、(2)、(3)步骤。

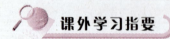

上网查询并学习 2015 年江苏省职业学校技能大赛财经商贸类财会专业暨江苏省第三十一届珠算技术比赛实施方案。

项目四

数码小键盘技术

任务一 认知爱丁 PAD 技能实训机

任务介绍

1. 了解爱丁 PAD 技能实训机的主要构成。
2. 了解爱丁 PAD 技能实训机的主要功能。
3. 了解并掌握爱丁 PAD 技能实训机的基本操作方法。

任务分析

爱丁 PAD 技能实训机,对于首次接触到它的学生来说还是有些神秘,因此我们的首个任务目标就是解开它的面纱,迅速了解爱丁 PAD 实训机的基本构成和主要功能,掌握基本使用方法。

本任务的完成虽然并不难,但毕竟是最基本的任务,因此务必要认真对待每个细节,不可跳过本任务而急于进入下一环节。

相 关 知 识

知识1:爱丁 PAD 实训机的硬件构成(见图4-1)。

爱丁 PAD 实训机主要包括平板主机一个,平板皮套一个,外接键盘一个,键盘包一个,电源适配器一个。

知识2:爱丁 PAD 实训机的主要功能(见图4-2、图4-3、图4-4、图4-5、图4-6)。

图 4-1

图 4-2　实训机功能一

图 4-3　实训机功能二

1. 录入技能训练：传票录入、单据录入、五笔录入

图 4-4　录入功能

2. 财会技能训练：数字书写、原始凭证、记账凭证、会计分录

图 4-5　财会技能训练功能

3. 从业资格考试：会计从业资格考试

图 4-6　从业资格考试功能

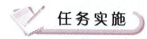

爱丁 PAD 实训机的基本操作

开机后需要一键注册,按照提示步骤一步步填写完成注册后即可正常使用。使用各个应用时点开相对应的图标即可打开此应用并进行使用。

外接键盘插头为 Mini USB 插头,与爱丁 PAD 的 Mini USB 接口相连后键盘即可使用,需注意的是如要使用右侧数字小键盘,须点击"Num Lock"键,键盘上方"Num Lock"指示灯亮起后才能正常使用。

本任务主要是认识爱丁 PAD、了解其功能和基本操作方法,同学们可根据其使用说明书进行学习使用。

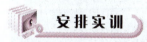

本任务内容比较简单,主要是设备了解,无须安排实训。

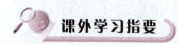

上网登录网址 http://www.edudigital.cn/;了解爱丁数码公司及其产品介绍。

任务二　认识传票翻打

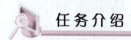

1. 了解传票翻打的含义。
2. 了解传票翻打的应用 APP。
3. 熟悉并掌握传票翻打的设置步骤。
4. 了解传票翻打的计分标准。

 任务分析

本任务是在了解爱丁PAD的基本使用方法后直接切入到传票翻打,作为一项技能的学习,首先得了解传票翻打的设置步骤,因为设置不同,训练的过程和结果也会有所不同。

相 关 知 识

知识1:传票翻打的释义

传票翻打,也称为传票算,是指在经济核算过程中,对各种单据、发票或凭证进行汇总计算的一种方法,一般采用加减运算。它是加减运算在实际工作中的具体应用,可以为会计核算、财会分析、统计报表提供及时、准确、可靠的基础数字,是财经工作者必备的一项基本功,并被列入全国会计技能比赛的正式项目。

在本书中传票翻打专指利用爱丁数码公司提供的爱丁PAD技能实训机所进行的传票翻打。

【提示】 传票算是财经工作者日常工作中一项很重要的基本功。通过学习要熟练掌握传票算的基本技能,包括操作流程、指法、翻打技巧等。传票翻打不仅要快,更要准,需要掌握盲打技巧。

在超市、银行等财经专业毕业生的就业岗位中,要求熟练运用数字小键盘。传票算的训练不仅能提高学生的录入技能,还可以增强学生的动手能力,帮助学生养成良好的习惯,加强学生操作技能与工作岗位的对接。

知识2:传票翻打训练工具

(1) 爱丁PAD传票录入APP

传票翻打的训练工具为爱丁PAD实训机中基础宝典中的《传票录入》APP(见图4-7)。

图4-7 传票录入

(2)传票码本

传票码本(见图4-8)是活页式,全国会计技能大赛采用规格长约19厘米,宽约8厘米的70克规格书写纸,用4号手写体铅字印刷,每本传票共100页,每页五行数,由四至九位数组成。其中四、九位数各占10%,五、六、七、八位数各占20%,都有两位小数;页内依次印有(一)至(五)的行次标记,设任意20页的20个数据(一组)累加为一题,0—9十个数字均衡出现。

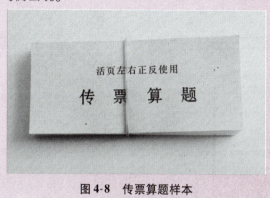

图4-8 传票算题样本

任务实施

传票翻打设置步骤:

(1)在开机状态单击点开基础宝典,点开后单击打开《传票录入》APP,打开后显示应用主界面(见图4-9)。

图4-9 传票录入界面

(2)点击右下角"设置"按钮,进入设置界面(见图4-10),然后可以进行传票选择、每组题数、跳转方式的设置,设置完成后点击确定后设置保存完毕。

图 4-10 录入设置

（3）设置完成后点击"传票算"进入传票翻打试题选择界面（见图 4-11），选择"传票算测试"后点击右边选择 A、B、C、D 四个任意一个跳出试题选择页面，可以选择测试时间、起始页、起始行，点击"确定"后进入传票翻打界面（见图 4-12）。

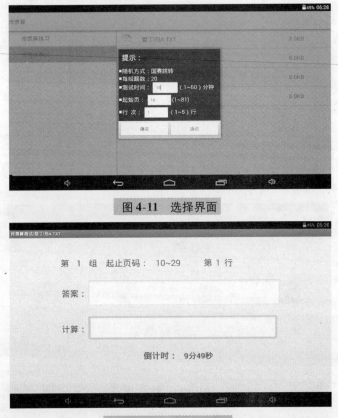

图 4-11 选择界面

图 4-12 传票翻打界面

（4）进入传票翻打界面后按照提示的页码和行次将传票中的数据依次录入相加，每组数据相加完成后点击回车键，结束后系统自动跳转到下一组，然后再按照提示录入相加求和，以此类推直至时间结束。

（5）时间结束后系统弹出成绩界面，显示相关成绩信息（见图 4-13），包含传票本、跳转方式、组别设置、测试时间、得分、行次、起始页等信息。

图 4-13　成绩信息

本任务内容主要是了解什么是传票翻打以及传票翻打所涉及的工具有哪些。

重点讲解《传票翻打》APP 的使用方法和传票翻打规则，内容比较简单，按照指导步骤一步步操作即可。

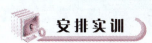

由老师带领统一操作练习后学生按照操作指导自行设置练习。

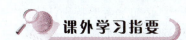

行业标准

金融机构：金融系统非常重视对员工的技能考核，每年至少进行两次考核，对技能不合格的员工要进行再培训，直至考核过关。金融机构数字录入技能考核要求见表 4-1。

表 4-1

项目	优秀	良好	合格	工具
数字录入	260 个数/分钟	200 个数/分钟	160 个数/分钟	计算器
	300 个数/分钟	240 个数/分钟	200 个数/分钟	翰林提/小键盘

提示正确率 100%。

珠算协会

珠算协会对传票翻打技能等级鉴定标准

项目	高级	中级	初级	题量	工具
传票翻打	15	10	5	20 行/题(10 分钟)	计算器
	18	15	13	20 行/题(10 分钟)	翰林提/小键盘

任务三　传票翻打技能实训

任务介绍

1. 学会并保持正确的姿势。
2. 熟悉并掌握小键盘的基本指法。
3. 学会传票的整理、保管与摆放的方法。
4. 学习并掌握传票算的方法。

任务分析

在上述任务目标中,小键盘的基本指法的掌握显得尤为重要,是初学者要特别认真对待的,是成为传票翻打好手必须首先夯实的基础,需要反复练习,不能急于求成。

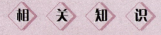

相　关　知　识

小键盘区简介

数字键区,又称为小键盘区或副键盘区,是专门向计算机输入大量数字的重要输入设备,主要用于数字集中录入。掌握这个小键盘的操作是我们学习的重点。

该区的大部分按键具有双重功能:一是代表数字和小数点,二是代表某种编辑功能。利用该区的 Num Lock(数码锁定)键可在这两种功能之间进行转换。除此,键盘右上角还有 Caps Lock(大写锁定)和 Scroll Lock(滚动锁定)两个指示灯。

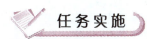

一、正确的姿势

要想熟练运用键盘来打字,姿势非常重要。有了正确的姿势(见图4-14),不仅可减轻人的疲劳感,对于提高速度也会起到事半功倍的效果。

① 坐姿　身体要保持平直,肩部放松,腰背不要弯曲。小臂与手腕略向上倾斜,手腕平直,打字的全部动作都在五个手指上,上身其他部位不要接触键盘。

② 手型　手掌以手腕为轴略向上抬起,手指略弯曲,自然下垂,形成勺状,轻放在小键盘上。

③ 击键　击键的力度要适中。各手指分工明确,各司其职。击键时主要靠手指和手腕的灵活运动,不要靠整个手臂的运动来找键位。

④ 节奏　敲击键盘要有节奏,要敲不要摸,击完键后手指要立即回到初始位置。

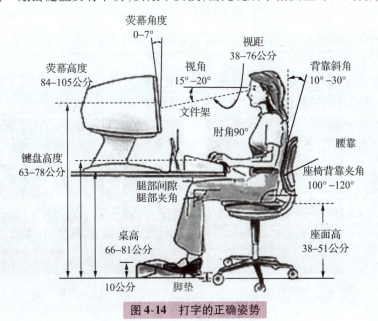

图 4-14　打字的正确姿势

二、小键盘基本指法

计算机小键盘是向计算机输入数字、发出命令的重要设备,是财务人员必不可少的操作工具,所以掌握小键盘的使用方法非常重要。

使用小键盘只能用右手操作,手指在键盘上的位置非常重要。为了便于有效地使用小键盘,通常规定右手的食指、中指、无名指和小指依次位于第三排的"4""5""6""Enter"基准键上。其中"5"键上有一个小突起,是用来定位的。当准备操作小键盘时,手指应轻轻地放在相应的基准键上。按完其他键后,应立即回到相应的基准键上。

要提高数字的录入速度,各手指负责的按键有严格的分工(见图4-15)。

食指:负责"7"、"4"、"1"这三个键。
中指:负责"8"、"5"、"2"这三个键。
无名指:负责"9"、"6"、"3"、"."这四个键。
小拇指:负责"-"、"+"、"Enter"这三个键。
大拇指:负责"0"键。

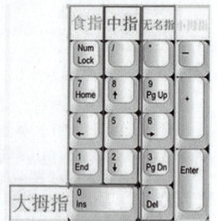

图 4-15　五指分工图

▶▶▶ 三、传票整理与保管

1. 检查传票

传票在翻打前,首先要检查传票有无错误,如有无缺页、重页、数字不清楚等。一经发现应及时更换传票。待检查无误后,方可整理传票。

2. 整理传票

墩齐。双手拿起传票侧立于桌面,将传票底边墩齐。下沿一定要非常平整,这是一个关键的细节。

开扇。左手固定传票左上角,右手沿传票边沿反复轻轻折捻,打开成扇形,扇形角度20°—25°(见图4-16)。

固定。最后用夹子将传票的左上角夹住,使扇形固定,防止翻打时散乱(见图4-17)。也可以用一个较小的夹子夹在传票封底右下角,将传票架起,便于翻页。

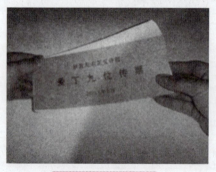

图 4-16　传票开扇　　　　　图 4-17　传票固定

3. 保管传票

为了保证练习和比赛中传票码本的平整不至散乱,平时就应注意对传票码本的妥善保管,应墩齐后以夹子固定平放,不可随意丢掷,以免褶皱和散失。

为了便于翻打,整理好的传票可根据需要摆放在桌面适当的位置,目的是贴近小键盘,以便于看数翻打。

一种摆放位置为置于键盘下方的桌面上(见图4-18),另一种摆放位置为置于主键盘之上(不建议第二种摆放方法)(见图4-19)。

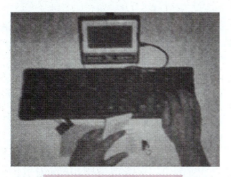 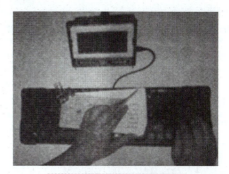

图 4-18　传票摆放位置 1　　　　　图 4-19　传票摆放位置 2

四、一目两页传票算的方法

一目两页打法指每次翻起两页传票,并将这两页传票上相关的数字,通过一目两行加减法心算后,一次键盘录入。

其方法是:

(1) 将小指、无名指放在传票封面的中部偏左。

(2) 拇指将起始页前的所有票页翻过,用无名指和中指夹住,食指放在每题的起始页,拇指略翻起传票,翻的高度以能看到次页传票数字为准,然后心算出两页有关行次的数字之和录入键盘。

(3) 当和数的最末二位数即将录入键盘时,拇指迅速将已心算过的两页翻过,食指挑起与中指夹住,再用拇指略翻起下页传票,继续运算,如此一目两页地进行下去,直至运算到末页为止。

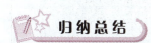

计算机小键盘是向计算机输入数字下达命令的重要设备,是财务工作者进行汇总、核算必不可少的操作工具,所以掌握小键盘数字录入技能非常重要。要正确掌握姿势及指法,这是小键盘录入的基础,必须严格按照要求操作。

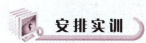

实训一　指法练习

一、实训目的

指法练习,盲打做准备。

二、实训步骤

(1) 从基准键位 4、5、6 练习起,再延展到其他键位。渐渐掌握不同键的位置,直到可以不用眼看就能准确无误地找准键位。

（2）具体练习方法：指法练习非一日之功，一定要保证相当的练习时间，需要日积月累，由看打到盲打，盲打不可能一蹴而就。以下练习可以帮助我们尽快熟悉基本指法。

练习一：竖式练习——敲打 147、258、369。

（1）食指练习 1、4、7 键。147+147+…+147 连加 10 次再连减 10 次最后归 0。

（2）中指练习 2、5、8 键。258+258+…+258 连加 10 次再连减 10 次最后归 0。

（3）无名指练习 3、6、9 键。369+369+…+369 连加 10 次再连减 10 次最后归 0。

（4）147 258 369 +147 258 369…+147 258 369 连加 10 次再连减 10 次最后归 0。

练习二：横排练习——敲打 123、456、789。

（1）食指练习 1 键、中指练习 2 键、无名指练习 3 键。

（2）食指练习 4 键、中指练习 5 键、无名指练习 6 键。

（3）食指练习 7 键、中指练习 8 键、无名指练习 9 键。

（4）123 456 789 +123 456 789+…+123 456 789 连加 10 次再连减 10 次，最后显示为 0。

练习三：混合练习——敲打 159、357、13579、24680。

（1）159 指法分工：食指练习 1 键、中指练习 5 键、无名指练习 9 键。

（2）357 指法分工：无名指练习 3 键、中指练习 5 键、食指练习 7 键。

（3）159+159+…+159 连加 10 次再连减 10 次。

（4）357+357+…+357 连加 10 次再连减 10 次。

（5）13579 指法分配：食指练习 1 键、无名指练习 3 键、中指练习 5 键、食指练习 7 键、无名指练习 9 键，13579+13579+…+13579 连加 10 次再连减 10 次。

（6）24680 指法分配：中指练习 2 键、食指练习 4 键、无名指练习 6 键、中指练习 8 键、拇指练习 0 键，24680+24680 +…+24680 连加 10 次再连减 10 次。

实训二 传票翻打

一、找页

1. 目的

快速准确地找到每题的起始页，提高传票翻打的准度和速度。

2. 要求

（1）熟悉传票，首先进行找页练习。找页关键是练手感，能准确把握纸页的厚度。如：10 页、20 页、30 页、50 页等的厚度。

（2）用左手迅速准确找到起始页数。

3. 时间

本项目训练时间不少于 1 周。

4. 形式

训练形式灵活多样，进行竞赛、测试都可以。

练习一:单页翻找训练。

(1)由教师报起始页数,学生快速翻找。

(2)由学生相互之间报起始页数,进行翻找训练。

练习二:多页翻找训练。

(1)教师给出一组起始页数,要求学生连续进行翻打。

(2)每组数量由少至多(5题、10题、20题……),循序渐进。

此项练习可以采取限量不限时和限时不限量两种形式。

【例1】 5、14、21、37、42、56、68、78、85、90……(有序找页练习)。

【例2】 2、16、25、65、32、12、49、78、9、51……(无序找页练习)。

【评价】 以找页的准度和速度作为评价标准。

标准	优秀(难)	良好(中)	合格(易)
以20题为一组测试(限量不限时)			
时间(秒)	8—10	11—13	14—16
以20秒为时间段测试(限时不限量)			
对题量	30—40	35—37	32—34

提示:边输入边找页是提高运算速度的一种技巧,手感和经验都会影响找页动作的快慢、准确与否,所以必须加强练习。

二、翻页

1. 目的

左手连贯、快速、准确翻页,提高翻页技巧。

2. 要求

(1)票页不宜翻得过高,角度适宜,以能看清数据为准。

(2)左手翻页应保持连贯。

3. 时间

本项目训练时间不少于1周。

4. 形式

(1)先采取看着传票翻页,熟练后再练习盲翻。

(2)翻页计算时,可先采用一次一页翻打,熟练后也可进行一次两页或三页的翻打。

练习一:看翻、盲翻训练。

用左手连续进行翻页训练。由少至多(10页、20页、100页),循序渐进。教师可以统一计时,学生快速翻页。

练习二:一页、多页训练。

如一次翻两页、一次翻三页。此项训练难度较大,学生必须注意左手手指动作的协调配合,幅度适宜,切实到位。

【评价】 以翻页的速度作为评价标准。

标准	优秀(难)	良好(中)	合格(易)
以 100 页(限量不限时)			
时间(秒)	40	50	60
以 30 秒为准(限时不限量)			
翻页量	60	55	50

提示：翻页练习是传票翻打的基础,只有左手能够很准确、连贯、快速地翻开传票每一页,才能快速进行传票翻打。

三、传票翻打

1. 目的

快速准确进行传票翻打。

2. 要求

（1）手、眼、脑协调配合。

（2）精神集中,翻打同步。

（3）加强练习,分布进行。

3. 时间

本项目训练时间不少于 10 周。

4. 形式

传票翻打要求眼、手、脑并用,协调性强,可以先练习第五行数字,因第五行数字在传票的最下方,便于看数、记数,不易出错,待第五行数字的练习达到一定熟练程度后,训练行次再逐步上移。

练习一：10 组 20 页翻打(限时 5 分钟)。

练习二：30 组 20 页翻打(限时 20 分钟)。

练习三：5 组 100 页翻打(限时 25 分钟)。

【评价】 以翻打的速度作为评价标准。

标准	优秀(难)	良好(中)	合格(易)
20 页/题(10 分钟)			
分值	300 以上	200—300 分	100—200 分
占比	10%	50%	40%

提示：快速翻页和找页训练,让学生熟悉传票,翻出手感。同时准确录入,减少退格使用率。传票翻页通过此阶段训练少数优秀者可以突破 300 分大关。每组退格使用次数少于 4 次,错误题数控制在 1 组,最高不能超过 2 组。

传票训练计划表

			15 周每天一小时训练传票翻打 300 分			
阶段设计	课程安排	课程内容	训练目标	训练内容	课时分配	训练时间
第一阶段 入门阶段	坐姿	正确坐姿认识翰林提	坐姿标准熟悉机器使用		1课时	每天1小时,分2-6次进行,每次不超半小时
	数字盲打	记忆键盘规范指法	记忆手指分工	组别模式	1课时	
		准确击键的指法	盲打要求正确	数字看打	2课时	
		准确击键的指法	盲打要求准确	数字看打	4课时	
测试	数字测试	速度训练	200/分钟	数字文章		4周
			170分/10分钟	商品编码		
第二阶段 初级阶段	整理摆放	捻成扇面,夹好夹子	传票封面向下突出,便于翻页即可		1课时	1周
	找页	准确、速度	快速找到每题起始页		1课时	
	翻页	页面不宜过高,角度适中,看清数据为准	左手能准确、连贯、快速翻开传票		1课时	
	记页、数页	默念页数	养成记页、数页习惯		1课时	
	传票翻打	限时5分钟	5分钟传票录140分	20题/组	2课时	
测试	传票录测试	限时10分钟	10分钟传票算220分	20题/组		
第三阶段 中级阶段	传票算	20题一组	10分钟传票算240分	传票算练习	1课时	6周
			10分钟传票算260分	传票算练习	1课时	
			10分钟传票算280分	传票算练习	1课时	
			10分钟传票算290分	传票算练习	1课时	
测试	传票算测试	20题一组	10分钟传票算300分	传票算测试	1课时	4周

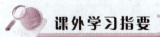

课外学习指要

1. 上网百度有关数码键盘练习视频观看。
2. 下载金山打字通软件,做数码字区域练习。

任务四　传票翻打技能大赛实训

 任务介绍

1. 明确传票翻打的高要求,有计划地用科学的方法进行基本功的训练。
2. 学会并熟练数字盲打。
3. 学习并掌握找页、翻页、记页和数页的方法和技巧。

 任务分析

在上述任务目标中,盲打技能的掌握至关重要,是成为传票翻打高手必须具备的真功夫,但学会和掌握盲打技能显然不是一蹴而就的,需要反复训练,日积月累,持之以恒,积小步为大步。谨防初学不顺即轻易放弃的情况发生。

相关知识

传票翻打高要求

想成为高手不容易,不但需要进行艰苦的训练,还要讲求科学的训练方法。此外还应会自我心理调适,以确保比赛当中稳定发挥。

想成为传票翻打高手,必须通过刻苦训练达到以下的要求(见图4-20)。

(1) 眼、手、脑协调,充分配合。
(2) 全神贯注,先翻一步,眼比手快。
(3) 分项专项训练。
(4) 记数专项训练。
(5) 力求准确录入,减少退格键使用率。每组退格键使用次数应少于4次,错误题数控制在1组,最高不能超过2组。

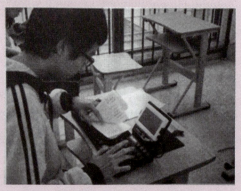

图4-20　传票翻打训练图

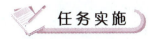
任务实施

参赛选手如何提高成绩

在达到较高的成绩以后,每提高一组都比较困难,尤其是350分以后提高更加有难度。提高学生心理素质,坚定信心,临危不乱,从容面对各种大赛考验。

本阶段学生成绩提升出现停滞,提高缓慢,学生心理开始发生变化,信心遭受打击,辅导老师应根据实际情况及时调整训练计划做好心理疏导工作,帮助学生度过"高原反应"。

1. 出现的主要问题

(1)学生急于提高成绩,出现盲目求快导致准确率下降。

(2)由于成绩长时间没有提高甚至下降使学生丧失信心产生逃避心理,出现训练不积极,不能保证训练时间等现象。

(3)训练成绩不稳定,忽高忽低。

(4)平时训练成绩高,比赛成绩失常。

2. 解决问题的方法

(1)快速记数训练,即一眼记住整条数字,并正确录入数字,保证正确率。

(2)每天训练时间保证2小时以上,将时间划分开,每次训练时间20—40分钟为宜。

(3)耐力训练,每次练习将时间设置为15—20分钟,提高选手耐力。

(4)每天组织选手测试一次成绩,模拟大赛流程,固定时间,不固定地点,没有补考。将每次成绩记录以备辅导老师指导。建议选手每天测试到各班巡演,制造考场气氛,提高选手心理素质。

(5)学校组织选手各地拉练,训练选手心理素质和适应环境能力。

本任务主要学习了技能大赛要求的提高翻打传票技能的方法。

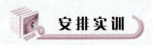

传票训练计划表

阶段设计	课程安排	课程内容	训练目标	训练内容	课时分配	训练时间
			15 周每天一小时训练传票翻打 300 分			
第一阶段 入门阶段	坐姿	正确坐姿认识翰林提	坐姿标准熟悉机器使用		1 课时	每天 1 小时,分 2－6 次进行,每次不超半小时
	数字盲打	记忆键盘规范指法	记忆手指分工	组别模式	1 课时	
		准确击键的指法	盲打要求正确	数字看打	2 课时	
		准确击键的指法	盲打要求准确	数字看打	4 课时	
测试	数字测试	速度训练	200/分钟	数字文章		4 周
			170 分/10 分钟	商品编码		
第二阶段 初级阶段	整理摆放	捻成扇面,夹好夹子	传票封面向下突出,便于翻页即可		1 课时	1 周
	找页	准确、速度	快速找到每题起始页		1 课时	
	翻页	页面不宜过高,角度适中、看清数据为准	左手能准确、连贯、快速翻开传票		1 课时	
	记页、数页	默念页数	养成记页、数页习惯		1 课时	
	传票翻打	限时 5 分钟	5 分钟传票录 140 分	20 题/组	2 课时	
测试	传票录测试	限时 10 分钟	10 分钟传票算 220 分	20 题/组		
第三阶段 中级阶段	传票算	20 题一组	10 分钟传票算 240 分	传票算练习	1 课时	6 周
			10 分钟传票算 260 分	传票算练习	1 课时	
			10 分钟传票算 280 分	传票算练习	1 课时	
			10 分钟传票算 290 分	传票算练习	1 课时	
测试	传票算测试	20 题一组	10 分钟传票算 300 分	传票算测试	1 课时	4 周

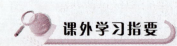

上网查看 2015 年技能大赛传票翻打比赛标准及要求。

项目五

珠算基础操作技术

任务一 珠算的起源与发展

 任务介绍

通过学习,了解珠算的起源与发展、国际化和非物质文化遗产申报。

 任务分析

1. 了解珠算的起源与发展。
2. 了解珠算的国际化。
3. 了解珠算的非物质文化遗产申报。

相 关 知 识

算盘是中国古代用来记数、数数的一种工具,它最初是小竹棍一类的自然物,以后逐渐发展成为专门的计算工具。算盘在中国的起源很早,在很久很久以前,人们开始用石子记数,后来用木棍、竹签计数(就是算筹),再后来人们用摆珠子的方式计数,它是用小棍子把珠子串起来 用上面蓝色的珠子表示 5,下面的珠子表示 1,再合起来表示数(见图 5-1)。

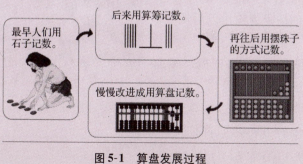

图 5-1 算盘发展过程

> 我们的祖先在北宋之前就已经发明了算盘,开始用算盘进行计算,一直流传到现在,所以算盘是我国的优秀文化遗产。算盘还传到了日本、朝鲜、美国等许多国家以及东南亚、欧洲等地区。

任务实施

一、珠算的概念

珠算是以算盘为计算工具,以数学规律为基础,用手指拨动算珠进行数值计算的方法。为使世界各国清晰、准确地理解珠算,2013年12月4日,联合国教科文组织颁发的证书中将"中国珠算"定义为"运用算盘进行数学计算的知识与实践"。

珠算既是一门应用技术,也是一门新兴的教育启智科学。随着对珠算的计算、教育、启智等多种功能的开发利用,已经形成了一套完整的珠算教育教学理论体系和独特的计算体系。

二、珠算的起源

珠算是我国古代劳动人民的伟大创造,对我国社会经济发展作出了重大贡献。我国珠算萌于商周,始于秦汉,臻于唐宋,盛于元明,是我国文化宝库中的优秀科学文化遗产之一,被誉为中国的"第五大发明",有"世界上最古老的计算机"之美称。有关珠算在我国早期应用的主要史料有:

1. 东汉徐岳《数术记遗》中的"珠算"

徐岳(？—220),字公河,东莱人,东汉时期著名数学家、天文学家。汉灵帝时,著名天文学家刘洪"按数术成算"创造了乾象历,授予徐岳。徐岳潜心钻研晦、朔、弦、望、日月交食等历象端委,进一步完善了"乾象历",后又把该历法传授给吴中书令阚泽,"乾象历"遂在吴国实行。历法的钻研为徐岳以后从事算学研究打下了坚实基础。他搜集我国先秦以来大量数学资料,撰写出《数术记遗》《算经要用》等具有历史意义的数学著作。在这部

图5-2 数术记遗

书中,徐岳不仅在世界上第一次为珠算定名,而且还设计出珠算盘的样式,为后世珠算的研制和使用提供了重要的历史参考(见图5-2)。

2. 巨鹿出土的北宋算珠

宋徽宗大观二年，即1108年，河北省邢台巨鹿县故城因黄河泛滥而被湮没。1921年7月，北平国立历史博物馆派员前往巨鹿三明寺故址发掘，获得王、董二姓故宅地下的木桌、碗箸、盆、石砚、围棋子、算盘子等二百多件，其中掘得算盘珠一颗，此珠木质，扁圆形，与如今通用的算盘珠大小相仿，只稍扁，这颗算珠现由北京历史博物馆收藏(见图5-3)。

图5-3 巨鹿算珠

3. 北宋画家张择端《清明上河图》中的算盘

中国农业大学数学教授、安徽黟县人余介石先生从《清明上河图》上发现了"算盘"。1956年3月，余介石教授当时正在研究的课题是"中国算盘与珠算的发明时间"。为此，他查阅、研究了许多宋代的典籍，并从郑振铎的《清明上河图研究》一书中得到启发，独辟"古画之中觅算盘"的蹊径。于是，余介石约了他的好友、著名珠算史家殷长生教授一块来到故宫博物院的古画馆，手举高倍放大镜，隔着玻璃在珍藏着一张张古画的展柜前搜寻、寻觅……突然间，他们的目光同时被定格在宋代名家张择端的《清明上河图》上，因为他们在该图卷末的赵太丞药铺柜台上，惊讶地发现了一件类似算盘的东西。在这一年的1月，殷长生教授专门约请了中央新闻纪录电影制片厂的高级摄影师，到故宫博物院古画馆拍摄了《清明上河图》古画中的"算盘"特写放大图，终于以雄辩的事实证明了这件东西确确实实是一把15档中国算盘。这就是说，至少在张择端所在的北宋之前，我国就已经发明和使用了算盘(见图5-4)。

图5-4 清明上河图

4. 元代画家王振鹏《乾坤一担图》中的算盘

王振鹏(生卒年不详),字朋梅,浙江温州人,元代著名画家,擅长人物画和宫廷画。王振鹏所绘画《乾坤一担图》中货郎担上有一把算盘(见图5-5)。

图5-5 乾坤一担图

5. 明代《魁本对相四言杂字》中的算盘

《魁本对相四言杂字》是一本看图识字类的儿童读物,四字一句,图文对照,该书是载有算盘图的专业文献,为明洪武四年〔1371〕刊刻(见图5-6)。

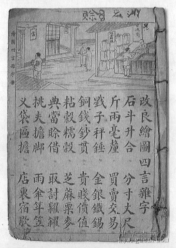

图5-6 魁本对相四言杂字

6. 明代吴敬的《九章详注算法比类大全》

吴敬,中国明代数学家,字信民,号主一翁。浙江仁和(今杭州)人。生卒年不详,约生活于15世纪。曾任浙江布政使司的幕僚,掌管全省田赋和税收的会计工作,对当地商业活动十分熟悉,且以善算而闻名当地,深得藩臬信任,"皆礼遇而信托之",请他解决商业中的各种数学问题。明朝曾下令严禁民间私习天文历算,因此一般士子视数学研究为畏途,像《九章算术》之类的古典,在入明百年后几近于失传。吴敬曾"历访《九章》全书,久未得见",经过十余年努力,吴敬终于在1450年撰写了《九章详注算法比类大全》10卷,对程大位《算法统宗》以及明中叶以后的数学产生了重大影响,基本代表了明初百年间数学发展的大致水平。他在中国古算的普及和广泛应用于生产、生活实践方面做了重要工作。

7. 明代王文素的《算学宝鉴》

王文素,字尚彬,山西汾州(今汾阳市)人,约生于1465年,于明朝成化年间(1465—1487)随父王林到河北饶阳经商,遂定居。自古晋商多儒商,出生于中小商人家庭的王文素,受所处社会及家庭影响,自幼颖悟,涉猎书史,诸子百家,无所不知。尤长于算法,留心通证,以一生之精力,完成了《新集通证古今算学宝鉴》这一数学巨著,为后人留下了宝贵的财富(见图5-7)。

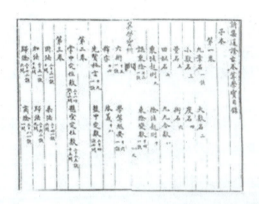 

图5-7 算学宝鉴

8. 明代程大位的《算法统宗》

程大位(1533—1606)明代商人,珠算发明家。字汝思,号宾渠,汉族,安徽休宁县率口(今黄山市屯溪)人。少年时,读书极为广博,对书法和数学颇感兴趣,一生没有做过官。20岁起便在长江中、下游一带经商。因商业计算的需要,他随时留心数学,遍访名师,搜集很多数学书籍,刻苦钻研,时有心得。约40岁时回家,专心研究,参考各家学说,加上自己的见解,于60岁时完成其杰作《直指算法统宗》(简称《算法统宗》,见图5-8)。

程大位穷毕生精力所著《直指算法统宗》和《算法纂要》,开创了中国珠算新的里程碑。他的《直指算法统宗》成书并刊印出版于1592年5月,此书广泛流传300多年不衰,并在1600年流传到日本,开创了日本和算的先河,日本每年8月8日均要举行隆重的纪念活动,以纪念程大位。明末,他的书流传至东南亚、欧洲和美洲,为世界珠算发展奠定了基础。

图5-8 算法统宗

▶▶▶ 三、珠算的发展

(一)珠算的发展历程

按对珠算功能的应用划分,珠算的发展经历了三个阶段:单纯利用计算功能阶段;启蒙教育功能为主阶段;启智教育功能为主阶段。

（二）现代珠算的特点

现代珠算的特点主要有：

(1) 优化了算盘结构，上一下四珠菱形算盘的使用逐渐普遍，并趋向中、小型化。

(2) 改进了珠算方法。

① 珠算加减法运用凑数和补数的组合与分解法。

② 乘法采用空盘乘法，除法多用商除法。

(3) 拓展了珠算功能。

① 开发珠算的教育功能和启智功能，推广珠心算（原称脑珠算）教育实验教学，实现珠算与心算（脑算）的结合，形成易学高效的珠算式心算能力。

② 将珠算与计算机有机结合，实现珠算方法的程序化和模型化。

（三）中国珠算协会的成立

中国珠算协会于1979年10月成立，这是我国珠算界有史以来第一个学术性、非营利的全国性社会团体。随后，全国各地相继成立了各级珠算协会。

四、珠算的国际化与非物质文化遗产申报

（一）珠算的国际化

珠算不仅在中国得到普遍欢迎和广泛采用，而且走向世界。据史籍记载，中国的算盘和珠算书籍，从16世纪（明代）起，先后传入日本、朝鲜、泰国等国家；近代又传入美国、韩国、马来西亚、新加坡、巴西、墨西哥、加拿大、印度、汤加、坦桑尼亚等国家，对当地的科技发展和社会进步起到了积极的促进作用，产生了广泛深远的影响。

珠算国际化的成就主要有：(1) 国际珠算组织的成立；(2) 珠算教育的国际化；(3) 珠算比赛的国际化；(4) 珠算学术交流的国际化。

（二）成功申报非物质文化遗产

2008年6月14日，珠算（程大位珠算法、珠算文化）列入第二批"国家非物质文化遗产名录"。2013年12月4日。联合国教科文组织宣布"中国珠算项目"列入"人类非物质文化遗产名录"。

归纳总结

珠算主要史料：(1) 东汉徐岳《数术记遗》；(2) 巨鹿出土的北宋算珠；(3) 北宋画家张择端《清明上河图》；(4) 元代王振鹏《乾坤一担图》；(5) 明代《魁本对相四言杂字》；(6) 明代吴敬的《九章详注算法比类大全》；(7) 明代王文素的《算学宝鉴》；(8) 明代程大位的《算法统宗》。

了解珠算发展经历的三个阶段，掌握珠算的国际化与非物质文化遗产申报。

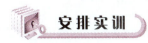

安排实训

技能训练一 客观题训练

一、实训目的

通过下列客观题练习,能够达到会计从业资格考试大纲考试要求。

二、实训要求

在复习教材知识点基础上,独立完成下列客观题。

(一)单项选择题

1. 我国珠算萌于( )。

   A. 商周　　　　　B. 西汉　　　　　C. 秦汉　　　　　D. 明代

2. 下列不属于有关珠算在我国早期应用的主要史料有( )。

   A. 元代画家王振鹏《乾坤一担图》中的算盘

   B. 明代《魁本对相四言杂字》中的算盘

   C. 明代王文素的《算学宝鉴》

   D. 清代程大位的《算法统宗》

3. 下列不属于珠算的发展经历的三个阶段的是( )。

   A. 单纯利用计算功能阶段　　　　　B. 启蒙教育功能为主阶段

   C. 启智教育功能为主阶段　　　　　D. 国际化与非物质文化遗产申报阶段

4. 中国珠算协会于( )成立,这是我国珠算界有史以来第一个学术性、非营利的全国性社会团体。

   A. 1969 年 12 月　　B. 1979 年 10 月　　C. 1989 年 10 月　　D. 1989 年 12 月

5. "珠算"一词最早出现于( )。

   A. 东汉徐岳《数术记遗》　　　　　B. 张择端《清明上河图》

   C. 吴敬的《九章详注算法比类大全》　D. 程大位的《算法统宗》

6. 明代程大位的著作是( )。

   A.《算法统宗》　　　　　　　　　B.《算学宝鉴》

   C.《乾坤一担图》　　　　　　　　D.《魁本对相四言杂字》

7. 联合国教科文组织宣布"中国珠算项目"列入"人类非物质文化遗产名录"的日期是( )。

   A. 2008 年 6 月　　　　　　　　　B. 1979 年 10 月

   C. 1991 年 3 月　　　　　　　　　D. 2013 年 12 月

8. 全国首届珠算科技知识竞赛在( )举行。

   A. 1991 年　　　　B. 1979 年　　　　C. 1983 年　　　　D. 2008 年

9. 将珠算作为"新文化"引进本国基础教育的是( )。

A. 日本　　　　　　B. 美国　　　　　　C. 德国　　　　　　D. 印度

(二) 多项选择题

1. 有关珠算在我国早期应用的主要史料有(　　)。

   A. 东汉徐岳《数术记遗》中的"珠算"

   B. 北宋画家张择端《清明上河图》中的算盘

   C. 明代吴敬的《九章详注算法比类大全》

   D. 明代程大位的《算法统宗》

2. 珠算的发展经历了(　　)三个阶段。

   A. 单纯利用计算功能阶段　　　　　　B. 启蒙教育功能为主阶段

   C. 启智教育功能为主阶段　　　　　　D. 国际化与非物质文化遗产申报阶段

3. 现代珠算的特点主要有(　　)。

   A. 优化了算盘结构,上一下四珠菱形算盘的使用逐渐普遍,并趋向中、小型化。

   B. 改进了珠算方法

   C. 拓展了珠算功能

   D. 将珠算与计算机有机结合,实现珠算方法的程序化和模型化

4. 珠算国际化的成就主要有(　　)。

   A. 国际珠算组织的成立

   B. 珠算比赛的国际化

   C. 珠算学术交流的国际化

   D. 珠算教育的国际化

(三) 判断题

1. 我国珠算萌于商周,始于秦汉,臻于唐宋,盛于元明。(　　)

2. 珠算被誉为中国的"第五大发明",有"世界上最古老的计算机"之美称。(　　)

3. 中国珠算协会于1989年10月成立,这是我国珠算界有史以来第一个学术性、非营利的全国性社会团体。(　　)

4. 据史籍记载,中国的算盘和珠算书籍,从清代起,先后传入日本、朝鲜、泰国等国家。(　　)

5. 2008年6月14日,珠算(程大位珠算法、珠算文化)列入第二批"国家非物质文化遗产名录"。(　　)

6. 2013年12月4日,联合国教科文组织宣布"中国珠算项目"列入"人类非物质文化遗产名录"。(　　)

7. 明代程大卫的著作是《算学宝鉴》。(　　)

8. 世界珠算日(节)的日期是每年8月8日。(　　)

9. "珠算"一词最早出现于《魁本对相四言杂字》。(　　)

10. 中国珠算协会是2005年6月成立的。(　　)

通过下列网页的学习,了解中国目前珠算博物馆和珠心算的相关知识。
中国珠算博物馆:http://baike.so.com/doc/5349312-5584768.html。
中华珠算博物馆:http://www.zhzsbwg.com/site/index.html。
中国珠算网:http://www.zgzsw.org/。

任务二 算盘的结构与种类及珠算常用术语

通过本任务学习了解算盘的结构与种类,熟悉拨珠指法与握笔法,掌握算盘的置数和珠算常用术语。

1. 了解算盘的结构与种类。
2. 熟悉拨珠指法与握笔法。
3. 掌握算盘的置数。
4. 掌握珠算常用术语。

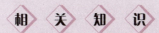

算盘故事

1. 毛泽东巧用算盘谚语

1958年4月19日,毛泽东主席在广州"小岛"召见卫生部副部长朱链。在谈话中,朱链说:"在中医工作方面过去是定盘珠,现在基本不同了,是算盘珠了。"朱链的话说得很有趣,毛主席好奇了:"什么是定盘珠、算盘珠?"朱链说:"定盘珠是你拨它也不动,算盘珠是不拨不动,一拨就动。卫生部的工作很繁重,但有些工作显得很被动。"毛主席笑了,他用右手比画着算盘的样子说:"对了,卫生部工作有些被动,他们连除四害也信心不足……算盘珠不拨不动,一拨就动。很好,我们大家都来拨。"

2. 周恩来不把算盘丢掉

1972年10月14日下午5时30分至9时10分,周总理在人民大会堂西大厅,会见了美籍华裔中国物理学家李政道博士和夫人。在交谈中,周总理向李博士问到美国的计算机情况时,李博士首先回答了有关问话,之后又提到:"我们中国的祖先,很早就创造了最好的计算机,就是到现在还在全国通用的算盘。"周总理对李博士的回答,感慨良久,向在座的中央有关同志说出了珠算界奉为经典的名言:"要告诉下边,不要把算盘丢掉,猴子吃桃子最危险。"他的关于"不要把算盘丢掉"的指示,从此成为激励和鼓舞中国珠算界积极开拓和发展珠算事业的巨大动力。

3. 陈云兴致勃勃打算盘

1976年11月的一天上午10时左右,陈云同志来杭州玉泉公园参观展览,当他走到玉泉鱼池旁的大厅时,看到一位会计正在打算盘算账,他走过去和蔼地要求会计让他来试试。陈云同志坐下来,兴致勃勃地拨动算珠,嘀嘀嗒嗒地打起算盘来,指法娴熟。新华社记者岳湖同志抓住机会,拍摄到一张珍贵的照片。陈云同志笑盈盈地打算盘的照片,不但生动地表明了他对算盘的肯定和珍爱,而且深刻地表明他对发展珠算寄予殷切的期望。1982年1月,全国政协副主席赵朴初同志见此照片,一时诗兴大发,挥笔作诗一首:"唯实是求,珠起还落,加减乘除,反复对比,运筹帷幄,决胜千里,老谋深算,国之所倚。"诗句既是对陈云同志为国理财业绩的赞誉,同时也是对我国珠算工作者的勉励和鼓舞,尤其是"唯实是求"四字警句,更为一切财务工作者的座右铭。

任务实施

一、算盘的结构

算盘主要由框(边)、梁、档、珠四部分组成。改进后的算盘又增加了记位点、清盘器、上下标数位、隔板和垫脚等装置(见图5-9)。

"框"是指固定算盘的四个边框,亦称为"边",有上、下、左、右框之分。

"梁"是指连接算盘左右框之间的横杆,又称"横梁"、"中梁"。梁把算珠分为上珠和下珠。

"档"是指通过梁并贯穿算珠的一根根小圆杆,使算珠只能上下移动。算盘中并列着多少根杆就称为多少档,每一档代表一个数位。

"珠"即算珠或算盘子,是指穿在算盘档上用以计数的珠子。梁上的算珠称为"上珠",一颗上珠表示"5";梁下的算珠称为"下珠",一颗下珠表示"1"。"记位点"是指在梁上的标记点,也称"分节点"、"定位点",用来定位和分节。

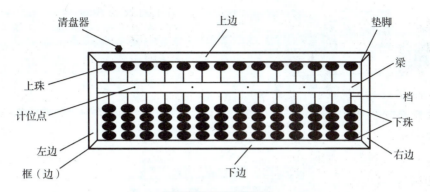

图 5-9 算盘结构

"清盘器"是指安装在算盘横梁上使算珠离梁的装置。

"垫脚"是指安装在算盘左右两边的底面使算盘底与桌面稳定的装置。

二、算盘的种类

(1) 按适用范围分为教具算盘、普通算盘和工艺算盘(见图 5-10、图 5-11、图 5-12)。

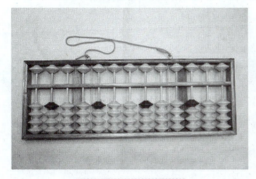

图 5-10 教具算盘

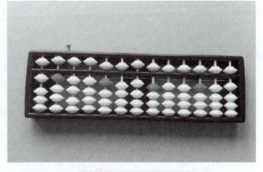

图 5-11 普通算盘

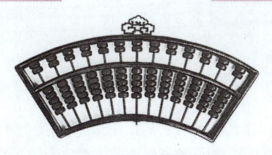

图 5-12 工艺算盘

(2) 按珠型分为圆珠算盘、菱珠算盘和碟珠算盘(见图 5-13、图 5-14)。

 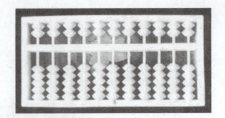

图 5-13　圆珠算盘与菱珠算盘

图 5-14　碟珠算盘

（3）按算珠分布分为上二下五珠算盘和上一下五珠、上一下四珠算盘。

（4）按材质分为木质算盘、金属算盘、塑料算盘和其他材质算盘。

三、珠算常用术语

珠算常用术语主要有：

1. 算盘：由框、梁、档、珠按某种规格结构组成的计算工具。

2. 空盘：算珠全部离梁，空盘表示没有计数。

3. 清盘：将算珠离梁靠上、下框，形成空盘的过程。

4. 梁珠：靠梁的算珠，也称内珠、实珠，表示正数。

5. 框珠：靠框的算珠，也称外珠、虚珠，表示负数。

6. 二元示数：是指算珠靠梁为加、离梁为减，即梁珠和框珠分别表示的数。

7. 带珠：拨珠时，把本档或邻档不该拨入或拨去的算珠带入或带出。

8. 漂珠：拨珠时，用力过轻不到位或过重反弹造成不靠框也不靠梁、漂浮在档中间的算珠。

9. 空档：没有算珠靠梁的档称为空档。在表示数值的档次中，空档表示的数是"零"。

10. 本档：运算时应该拨珠的档，也称本位。

11. 前档：本档左边一档，也称前位。

12. 后档：本档右边一档，也称下位。

13. 压尾档：在省略计算中的最后一档的数位。

14. 错档：算珠未拨入应拨入的本档中。

15. 挨位：本档的左边第一档或右边第一档。

16. 隔位：本档的左边第二档或右边第二档。

17. 五升制：五升制是指满五时，用同位的一颗上珠。

18. 十进制：十进制是指满十时，向前档进一位。

19. 进位：本档满十向前档进一位。

20. 退位：本档不够减时，前一档退一位，也称借位。

21. 首位：一个数的最高位非零数字，也称首位数、首数或最高位。

22. 尾数：一个数的最低位数，包括含零的位数。

23. 记位点：是指四位以上的整数，从后往前数每隔三位加一个分节号","，也称分节点。如16875，写成16,875。

24. 补数：两数之和是10的正整数次幂（如10、100、1 000等），则这两个数互为补数。某数是几位数，它的补数也是几位数。若补数的有效数字前面有空位，用"0"补齐。互为补数的各对应位，末位相加为10，其余各位相加为9。

25. 凑数：两数之和为5，则这两个数互为凑数。

26. 实：指被乘数和被除数。

27. 法：指乘数和除数。

28. 估商：在除法中，运用口诀或心算法估量、推断，求算商数的过程，也叫试商。

29. 确商：运算后所得出的准确商数。

30. 调商：因估商不准，而进行的退商或补商调整。

31. 退商：在除法中，因估商过大，而必须将商缩小。

32. 补商：在除法中，因估商过小，而必须将商增大。

33. 初商：只经估商，未被确定为确商的商数。

34. 首商：除法运算求出的第一个商数。依此类推，除法运算中求出的第二个商数叫作次商，以下叫作三商、四商……整个商数叫作"所求商"。

归纳总结

本任务在了解算盘的结构基础上，重点掌握算盘的不同分类标准，要结合教材后面的珠算知识基础上理解珠算常用术语。

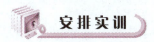

安排实训

技能训练一　客观题训练

一、实训目的

通过下列客观题练习，能够达到会计从业资格考试大纲考试要求。

二、实训要求

在复习教材知识点基础上，独立完成下列客观题。

(一) 单项选择题

1. 外珠是指(　　)。
   A. 靠梁表示数的算珠　　　　　　　B. 横梁上面的珠
   C. 靠框不表示数的珠　　　　　　　D. 横梁下面的珠
2. 二元示数是指(　　)。
   A. 互为补数的数　　　　　　　　　B. 互为凑数的数
   C. 梁珠和框珠分别表示的数　　　　D. 加数和被加数
3. 珠算盘是以(　　)示位。
   A. 梁　　　　　B. 档　　　　　C. 珠　　　　　D. 记位点
4. 可以用双下指法的算式是(　　)。
   A. 4 + 8　　　B. 7 + 2　　　C. 3 + 3　　　D. 5 + 7
5. 下列算式可用双指联拨的是(　　)。
   A. 3 + 5　　　B. 6 + 3　　　C. 4 + 5　　　D. 5 - 2

(二) 多项选择题

1. 就使用的范围,算盘可分为(　　)。
   A. 教具算盘　　　　　　　　　　　B 普通算盘
   C. 工艺算盘　　　　　　　　　　　D. 上一下四珠算盘
2. 补数和凑数是指(　　)。
   A. 其和为 10 的两个数互为凑数　　B. 其和为 5 的两个数互为补数
   C. 其和为 10 的两个数互为补数　　D. 其和为 5 的两个数互为凑数
3. 下列互为凑数的是(　　)。
   A. 7 和 3　　　B. 1 和 4　　　C. 2 和 8　　　D. 3 和 2
4. 档的作用是(　　)。
   A. 串珠　　　　B. 定位　　　　C. 分离上下珠　　　D. 分节
5. 算盘按算珠数分类的有(　　)。
   A. 上二下五珠　B. 上一下五珠　C. 上一下四珠　　　D. 上二下四珠
6. 下列算式是前后两档运算的是(　　)。
   A. 12 - 6　　　B. 13 + 2　　　C. 11 + 9　　　D. 15 - 7

(三) 判断题

1. 一位数凑数是指两数之和是 10 的两个数。(　　)
2. 记位点是指四位以上的整数,从后往前数每隔三位加一个分节号",",也称分节点。(　　)
3. 五升制是指满五时,用隔位的一颗上珠。(　　)
4. 漂珠是指拨珠时,用力过轻不到位或过重反弹造成不靠框也不靠梁、漂浮在档中间的算珠。(　　)
5. 算盘按材质分为木质算盘、金属算盘、塑料算盘和其他材质算盘。(　　)
6. 法数是指乘数和除数。(　　)

7. 算盘如需部分清盘,只能用手指清,而不能用清盘器。(　　)
8. 五升制是指满五时,用同位的上珠。(　　)
9. 珠算除了和笔算一样遵循"十进"制外,还采用"五升制"。(　　)

课外学习指要

上网收集目前算盘的生产厂家情况。

任务三　置数、拨珠指法和握笔法

任务介绍

通过本任务的学习,要求能够熟练掌握拨珠指法与握笔法,能够快速、准确置数。

任务分析

1. 熟悉拨珠指法与握笔法。
2. 掌握算盘的置数。

相　关　知　识

1992年1月,江泽民同志在江苏常州视察刘国钧职教中心时,对该校的珠算教育给予了特别关注。那天,江总书记来到该校第一财会模拟室,当听到该校8901班40名学生珠算技能全部达到普通一级以上水平,并有一名达能手级时,江泽民同志笑眯眯地问桂永贵老师:"我问你一个问题,大算盘和这种小算盘比,哪一种打得快呢?"桂永贵回答:"小算盘快。"江总书记又问学生,学生也回答:"小算盘快。"江总书记拿过张乃蓉同学的算盘,弯下腰,一边拨打算盘,一边提问题:"我们男同志手指粗,不灵活,打这种小算盘能打得快吗?"男生朱澄宇同学站起来回答:"我是运算自如的。"江总书记又问:"计算加减法是电子计算器快呢还是算盘快?"张乃蓉回答道:"还是算盘快!"江总书记听了脸上露出满意的笑容。

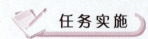
任务实施

一、置数

置数,也称布数,即把代表某数值的算珠拨靠梁。

算盘以珠表示数,以档表示位,位数的记法和笔算相同,高位在左、低位在右,遵循"五升十进制"。以个位档为参照,每左移一档,数值就扩大10倍;每右移一档,数值就缩小为原数的十分之一。

二、拨珠要领

(1) 手指必须有严格的分工,充分运用双手联拨运算。
(2) 手指与盘面的高度、角度都应适度。
(3) 通常按从左向右的顺序拨珠。拨珠应先后有序,有条不紊,不能先后颠倒,层次不分。
(4) 看准算珠再拨,拨珠要到位。
(5) 拨珠要顺畅自然,做到稳、准、快。

三、拨珠指法

拨珠指法是指用手指拨动算珠的方法。拨珠指法分为单手拨珠法和双手拨珠法。单手拨珠法又有两指拨珠法和三指拨珠法,双手拨珠法又有三指拨珠法和四指拨珠法。拨珠指法的正确与否,直接影响计算的速度及其准确性。

(一) 拨珠手指及分工

(1) 在采用单手拨珠法的两指拨珠法和双手拨珠法时,拇指、食指或中指基本处于各负其责的位置,具体是:

拇指:专拨下珠靠梁或离梁;

食指:专拨上珠靠梁或离梁,兼管部分下珠离梁;

中指:数位较多时,配合拇指、食指拨珠靠梁或离梁。

(2) 在采用单手拨珠法的三指拨珠时,拇指、食指、中指要严格分工,具体是:

拇指:专拨下珠靠梁;

食指:专拨下珠离梁;

中指:专拨上珠靠梁与离梁。

(二) 单手拨珠法

单手拨珠法是用左手握盘、右手拨珠的一种拨珠方法,相对于双手四指联拨法,单手拨珠法也称传统拨珠法。单手拨珠法有两指和三指两种拨珠方法(见图5-15)。

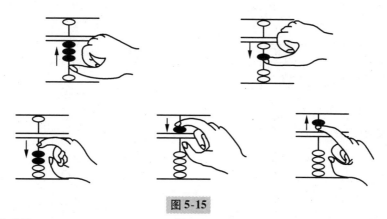

图 5-15

1. **两指拨珠法**

两指拨珠法是指用右手的拇指与食指相互配合进行拨珠,而中指、无名指和小指向掌心自然弯曲的一种拨珠方法,基本指法如下:

(1) 双合、双分。拇指、食指在同一档或前后档同时拨珠靠梁或离梁。

① 双合动作。

【例 5-1】 在空盘上拨入 6、7、8、9 或 1+7、2+6、3+6、2+7(见图 5-16)。

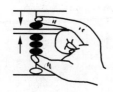 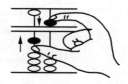

图 5-16

② 双分动作。

一是同档上珠与全部下珠同时离梁。

【例 5-2】 9-9、8-8、7-7、6-6。

二是同档上珠与部分下珠离梁。

【例 5-3】 8-7、9-7、9-6、8-6、9-8、7-6(见图 5-17)。

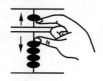 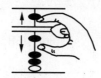

图 5-17

(2) 双上、双下。拇指、食指在同一档或前后档同时向上或向下拨珠。

【例 5-4】 双上 1+4、2+3、3+2、4+1(见图 5-18)。

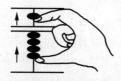 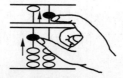

图 5-18

双下 4+4、4+3、4+2（见图 5-19）。

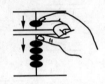
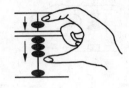

图 5-19

（3）扭进。拇指在前一档向上拨珠的同时，食指在后一档向下拨珠。

【例 5-5】 1+9、2+8、3+7、4+6、6+9、3+17、7+8（见图 5-20）。

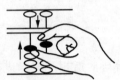

图 5-20

（4）扭退。食指在前一档向下拨珠的同时，拇指在后一档向上拨珠。

【例 5-6】 10-9、10-8、10-7、10-6、20-18、32-19（见图 5-21）。

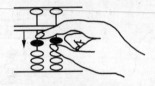

图 5-21

2. 三指拨珠法

三指拨珠法是指用右手的拇指、食指、中指拨珠，而无名指、小指向掌心自然弯曲的一种拨珠方法，其指法及分工如下：

（1）单指独拨。

拇指、食指、中指任何一个手指单独拨珠的方法叫单指拨珠。

单指拨珠熟练到一定程度必然发展成为联拨，联拨可以提高计算速度。

（2）两指联拨。

拇指与中指、拇指与食指、食指与中指相互配合进行拨珠的方法叫两指联拨，其基本指法如下：

双合：拇指、中指在同一档或前后档同时拨珠靠梁。

双分：食指、中指在同一档或前后档同时拨珠离梁。

双上：拇指、中指在同一档或前后档同时向上拨珠。

双下：中指、食指在同一档或前后档同时向下拨珠。

扭进：拇指在前一档向上拨珠的同时，食指在后一档向下拨珠。

扭退：食指在前一档向下拨珠的同时，拇指在后一档向上拨珠。

（3）三指联拨。

拇指、食指、中指三个手指同时拨珠的指法叫三指联拨，其基本指法如下：

三指进:食指、中指同时在本档拨上、下珠离梁时,拇指在前一档拨下珠靠梁。

三指退:食指在前档拨下珠离梁时,拇指、中指同时在本档拨上、下珠靠梁。

(三)双手拨珠法

双手拨珠法又称双手四指联拨法,是两手同时拨珠,左手管高位计算,右手管低位计算的一种珠算新指法。

珠心算要求采用双手拨珠方法。双手四指拨珠分工如下:

两手拇指专拨下珠靠梁或离梁;双手食指专拨上珠靠梁或离梁。左手拇指和食指负责高位运算,右手拇指与食指负责低位运算,既分工明确又密切合作。

▶▶ 四、握笔法

握笔法是指拨珠握笔姿势。打算盘时,要握笔拨珠,随时写出计算结果。正确的握笔姿势有利于提高计算速度。常用的握笔法有三种。

(一)食指、中指握笔法

这种握笔法,笔杆以拇指、食指为依托,笔尖从食指、中指间穿出,用拇指、食指拨珠,其余三指向掌心蜷曲。

(二)掌心握笔法

这种握笔法,无名指和小指握住笔尖部分,笔杆从拇指和食指间穿出,使用拇指、食指和中指拨珠运算。

(三)无名指、小指握笔法

这种握笔法,笔尖从无名指和小指间穿出,笔杆从拇指和食指间穿出,使用拇指、食指和中指拨珠运算(见图5-22)。

掌心握笔法　　　　　　无名指、小指握笔法　　　　　　食指、中指握笔法

图5-22

归纳总结

拨珠指法与握笔法是学习的重点,特别是二指拨珠法和三指拨珠法,需要经过反复练习才能够达到快速、准确置数。

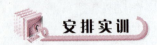
安排实训

技能训练一 客观题训练

一、实训目的

通过下列客观题练习,能够达到会计从业资格考试大纲考试要求。

二、实训要求

在复习教材知识点基础上,独立完成下列客观题。

(一)单项选择题

1. 采用单指拨珠时,拇指分工是( )。

A. 专拨上珠靠梁　　　　　　　　B. 专拨上珠离档

C. 专拨下珠靠梁　　　　　　　　D. 专拨下珠离档

2. 基本的拨珠顺序是( )。

A. 由低位到高位　　　　　　　　B. 先拨个位再拨其他位

C. 先拨末位,再由高位到低位　　D. 由高位到低位

3. 菱珠小算盘主要用( )拨珠。

A. 拇指　　　　　　　　　　　　B. 食指

C. 拇指和食指　　　　　　　　　D. 拇指、食指与中指

4. 下列算式可用双指联拨的是( )。

A. 3+5　　　B. 6+3　　　C. 9-5　　　D. 5-2

5. 可用双上指法的算式是( )。

A. 8-2　　　B. 6-2　　　C. 9-6　　　D. 8-5

6. 可用扭进指法的算式是( )。

A. 8+8　　　B. 6+4　　　C. 5+7　　　D. 6+3

(二)多项选择题

1. 拨珠手指及分工正确的有( )。

A. 拇指专拨下珠靠梁或离梁

B. 食指专拨上珠靠梁或离梁,兼管部分下珠离梁

C. 数位较多时,配合拇指、食指拨珠靠梁或离梁

D. 小指专拨上珠靠梁或离梁,兼管部分下珠离梁

2. 拨珠指法分为( )。

A. 单手拨珠法　　B. 双手拨珠法　　C. 二指联拨　　D. 三指联拨

3. 拨珠要领说法正确的有( )。

A. 手指必须有严格的分工,充分运用双手联拨运算

B. 手指与盘面的高度、角度都应适度

C. 看准算珠再拨,拨珠要到位
D. 拨珠要顺畅自然,做到稳、准、快

4. 常用的握笔法有( )种。
A. 食指、中指握笔法   B. 掌心握笔法
C. 无名指、小指握笔法   D. 食指、小指握笔法

5. 下列算式可用双上指法的是( )。
A. 5－4   B. 6－4   C. 9－4   D. 8－3

6. 下列算式可用扭退指法的是( )。
A. 11－6   B. 10－6   C. 13－9   D. 15－8

7. 下列算式可用双下指法的是( )。
A. 4＋1   B. 2＋3   C. 4＋4   D. 5＋2

8. 下列算式可用扭进指法的是( )。
A. 7＋8   B. 3＋6   C. 3＋9   D. 6＋5

9. 下列算式可用双合指法的是( )。
A. 7＋5   B. 3＋6   C. 4＋5   D. 2＋7

10. 下列算式可用双分指法的是( )。
A. 10－3   B. 11－5   C. 8－6   D. 9－7

(三) 判断题

1. 菱珠小算盘的单指拨珠中指法主要有单指独拨和双指连拨。( )
2. 五升十进制是指"下珠不够用上珠,本档满十用前位一"。( )
3. 置数,也称布数,即把代表某数值的算珠拨靠梁。( )
4. 基本的拨珠顺序是由高位到低位。( )
5. 珠算加减法可采用有诀算法,也可采用无诀算法。( )
6. 3与2是互为凑数。( )

技能训练二:操作题训练

一、实训目的

了解珠算操作的正确坐姿,掌握握笔方法和清盘、置数、拨珠指法。

二、实训准备

五珠菱形小算盘、笔、练习纸。

三、相关知识

清盘与置数、操盘的姿势、握笔的方法、拨珠指法等。

四、操作步骤

第一步,了解算盘的基本结构。
第二步,练习坐姿。

操作要领:

(1) 打算盘时,身要正,腰要直,脚平稳,头稍低,眼向下,要求视线落在算盘下边与练习题交界处,运算时靠翻动眼皮看数拨珠,不要摇头。

(2) 打算盘时肘部摆动的幅度不要过大,精力要高度集中。

(3) 上身与桌沿的距离约10cm。算盘放在离桌沿10—15cm的位置,并与桌边基本平行。

(4) 算盘的中央部分基本上要与身体中心一致。

(5) 计算资料的摆放位置可将资料放在算盘下面,边打边在算盘底下向前推进。

操作练习:按上述坐姿要求保持5分钟。

第三步,练习握笔的方法。

操作要领:

(1) 用无名指和小指握住笔尖部分,笔身横在拇指和食指之间,使拇指、食指和中指能够灵活拨珠。

(2) 将笔夹在无名指和小指之间,笔尖在小指方向,笔身横在右手拇指与食指间。

操作练习:练习握笔的两种方法。

第四步,练习清盘。

(1) 清盘器清盘练习。

操作要领:按一下清盘器即可清盘。

操作练习:按清盘器2—3次。

(2) 手动法清盘练习。

操作要领:使用菱珠小算盘用拇、食指清盘,清盘时指尖捏成钳形,沿算盘的横梁由右向左拨动算珠离梁。使用此法,用力要自然均匀,切勿有意识地使两珠上下弹开,要一气呵成。

操作练习:手动清盘2—3次。

第五步,置数练习。

操作资料:某企业本月有下列一组数据资料如下:

(1) 1 575　　　　(2) 62 808　　　　(3) 525 050　　　　(4) 2 879 561

(5) 1 234 567 890　　(6) 987 654 321　　(7) 170 000 000　　(8) 25 369 000

操作练习:在算盘上表示出上述数字。

第六步,拨珠指法练习。

1. 单指拨珠

(1) 拇指拨珠。

① 20413　　　② 14021　　　③ 21431　　　④ 13214
　13021　　　　20312　　　　12003　　　　20130

(2) 食指拨珠。

① 41234   ② 32243   ③ 43434   ④ 32413
  −21013   −12031   −31401   −20402

(3) 中指拨珠。
① 55055   ② 55505   ③ 55550   ④ 55555
  −5055   −55505   −55050   −555

(4) 混合拨珠。
① 22042   ② 32512   ③ 55252   ④ 45325
  55302   −21511   23042   −35205
  −52231   52505   −53112   −15314

2. 联合拨珠——拇中指联拨

(1) 齐合法。
① 709060   ② 90709   ③ 70806   ④ 908906
  90706   809080   908060   60070

(2) 齐分法。
① 998799   ② 898098   ③ 998709   ④ 909809
  −677667   −686076   −877607   −707607

(3) 齐上法。
① 555555   ② 567886   ③ 675876   ④ 567765
  −124312   −423442   −432443   −243421

(4) 齐下法。
① 234342   ② 342443   ③ 423334   ④ 334224
  434344   −344224   −443442   −442443

3. 联合拨珠——食中指联拨

(1) 齐分法。
① 776897   ② 67886   ③ 679876   ④ 867768
  −776897   −67886   −679876   −867768

(2) 齐下法。
① 234244   ② 112134   ③ 242424   ④ 212121
  321311   443421   313131   343434

111

4. 联合拨珠——拇食指联拨

(1) 扭进。

① 334122	② 421024	③ 213244	④ 124242
776988	689686	897866	986868

(2) 扭退。

① 111111	② 111212	③ 243121	④ 312015
−99999	−98898	−139897	−289789

5. 联合拨珠——三指联拨

① 689679	② 876977	③ 111010	④ 203040
421431	234133	−22134	−232432

课外学习指要

姚克贤主编:《珠算习题集》,东北财经大学出版社,第 11-13 页完成二指法拨珠练习。

项目六

珠算加减法技术

任务一 口诀加减法

任务介绍

通过学习了解加减法的运算顺序及规则,掌握有诀加减算法。

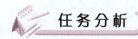
任务分析

1. 了解加减法的运算顺序及规则。
2. 熟悉加减法口诀。
3. 掌握有诀加减算法。

相 关 知 识

一、加减法的运算顺序与规则

(一)加法的运算顺序与规则

加法是指对两个或两个以上数值求和的一种计算方法。其表达式如下:

被加数 + 加数 = 和数

加法通常按照以下规则进行运算:(1)固定个位,在算盘中确定个位档;(2)将被加数从高位到低位依次拨入算盘,且个位数与算盘中个位档对准;(3)对准数位,将加数从高位到低位,进行同位数相加,按照"五升十进制"的原则,计算出得数。

(二)减法的运算顺序与规则

减法是指一个数减去另一个数或多个数求差的一种计算方法。其表达式如下:

被减数 - 减数 = 差数

减法通常按照以下规则进行运算：(1)固定个位，在算盘中确定个位档；(2)将被减数从高位到低位依次拨入算盘，且个位数与算盘中个位档对准；(3)对准数位，将减数从高位到低位，进行同位数相减，计算出得数。

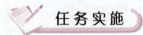
任务实施

加减法有诀算法是相对无诀算法而言。有诀是指用口诀指导加减法运算的一种方法。根据"五升十进"的规律，常用的口诀有两种。

一、珠算加减法口诀

（一）传统口诀

传统加减法口诀均为26句（见表6-1、表6-2）。

表6-1　加法传统口诀表

不进位加法		进位加法	
直接加法	凑五加法	进十加法	进十破五加法
一上一	一下五去四	一去九进一	
二上二	二下五去三	二去八进一	
三上三	三下五去二	三去七进一	
四上四	四下五去一	四去六进一	
五上五		五去五进一	
六上六		六去四进一	六上一去五进一
七上七		七去三进一	七上二去五进一
八上八		八去二进一	八上三去五进一
九上九		九去一进一	九上四去五进一

注：(1)每句口诀的第一个字代表要加的数，后面的字表示拨珠运算的过程。(2)"上几"表示拨珠靠梁。(3)"去几"表示拨珠离梁。(4)"下五"表示拨上珠靠梁。(5)"进一"表示本档相加满十，必须向前一档拨动一珠靠梁。

表 6-2　减法传统口诀表

不错位减法		错位减法	
直接减法	破五减法	退十减法	退十补五减法
一去一	一上五去四	一退九进一	
二去二	二上五去三	二退八进一	
三去三	三上五去二	三退七进一	
四去四	四上五去一	四退六进一	
五去五		五退五进一	
六去六		六退四进一	六退一去五进一
七去七		七退三进一	七退二去五进一
八去八		八退二进一	八退三去五进一
九去九		九退一进一	九退四去五进一

注：(1)每句口诀的第一个字代表要减的数，后面的字表示拨珠运算的过程。(2)"上几"表示拨珠靠梁。(3)"去几"表示拨珠离梁。(4)"退一"表示拨珠离梁，前档退一，下档还十。(5)"还几"表示在前一档退一当十，把减去减数后的差数加在本档上。

（二）现代口诀

与指法结合的现代加减法口诀(见表6-3、表6-4)。

表 6-3　加法现代口诀表

不进位加法		进位加法	
直接加	凑五加	进十加	破五进十加
一上1	一下9	一分九进1	
二上2	二下8	二分八进1	
三上3	三下7	三分七进1	
四上4	四下6	四分六进1	
五下5		五上15	
六合6		六下4进1	六上16
七合7		七下3进1	七上17
八合8		八下2进1	八上18
九合9		九下1进1	九上19

注：(1)每句口诀的第一个字代表要加的数，后面的字表示拨珠运算的过程。(2)口诀中的"合"是指拨珠指法，即拇指与食指同时拨上下珠离框靠梁。(3)口诀中的"分"是指拨珠指法，即拨上下珠离梁靠框。

表6-4 减法现代口诀表

不错位减法		错位减法	
直接减	破五减	退十减	退十凑五减
一下1	一上9	一退1合9	
二下2	二上8	二退1合8	
三下3	三上7	三退1合7	
四下4	四上6	四退1合6	
五上5		五下15	
六分6		六退1上4	六下16
七分7		七退1上3	七下17
八分8		八退1上2	八下18
九分9		九退1上1	九下19

注：下分是指减，即离梁。

二、珠算加法

珠算加法有不进位和进位两种。用算盘进行加法计算时，遵循"五升十进制"规则。在"不进位加"（即本位加）中有"直接加"和"凑五加"两种计算方法；在"进位加"中有"进十加"和"进十破五加"两种计算方法。

（一）不进位加法

本档珠够加，无须进位。

1. 直接加法

在算盘加算的档位上，加上1~9时，本档框珠够加，在本档上直接拨珠靠梁。

【例6-1】 2+2=4

运算过程（见图6-1）。

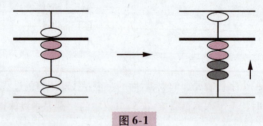

图6-1

【例6-2】 1+7=8

运算过程（见图6-2）。

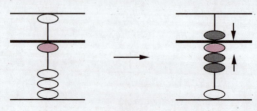

图6-2

可使用直加法的种类:

1+1、1+2、1+3、1+5、1+6、1+7、1+8、2+1、2+2、2+5、2+6、2+7、3+1、3+5、3+6、4+5、5+1、5+2、5+3、5+4、6+1、6+2、6+3、7+1、7+2、8+1

计算规则:加看框珠,够加直加。

2. 凑五加法

在算盘加算的档位上,上珠离框靠梁,加上1-4时,本档框珠中的下珠不够加,需要拨下上珠,并根据"凑五"的规律,把多加的数值从本档梁珠中减去。

【例6-3】 2+3=5

运算过程(见图6-3)。

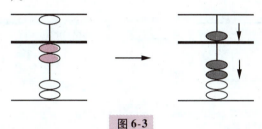

图 6-3

【例6-4】 4+4=8

运算过程(见图6-4)。

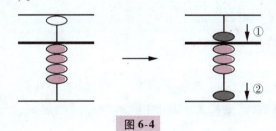

图 6-4

可使用凑数加法的种类:

1+4、2+3、2+4、3+2、3+3、3+4、4+1、4+2、4+3、4+4

计算规则:直加不够,下5减凑。

(二) 进位加法

本档珠不够加,需要进位。

1. 进十加法

在算盘加算的档位上,加上1-9需进位时,需在前一档进1,在本档中减去补数,本档下珠够减补数,在本档位上直接减补数。

【例6-5】 2+8=10

运算过程:去掉8的补数2然后进1(见图6-5)。

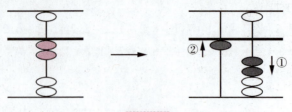

图6-5

【例6-6】 8+7=15

运算过程:去掉7的补数3然后进1(见图6-6)。

图6-6

可使用补数加法的种类:

1+9、2+9、2+8、3+9、3+8、3+7、4+9、4+8、4+7、4+6、5+5、6+9、6+5、6+4、7+9、7+8、7+5、7+4、7+3、8+9、8+8、8+7、8+5、8+4、8+3、8+2、9+9、9+8、9+7、9+6、9+5、9+4、9+3、9+2、9+1

计算规则:本档满10,减补数加10。

2. 进十破五加法

在算盘加算的档位上,已有上珠靠梁,要加上6-9时,需在前一档进1,在本档减去补数,本档下珠不够减补数,需要拨去上珠,并根据"破五"的规则,把多减的数值在本档中加上。

【例6-7】 5+9=14

运算过程:去掉9的补数1(下珠不够,上凑数4减5),然后进1(见图6-7)。

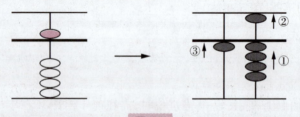

图6-7

【例6-8】 7+6=13

运算过程:去掉6的补数4(下珠不够,上凑数1减5),然后进1(见图6-8)。

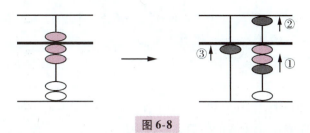

图 6-8

可使用补数加法的种类：

5＋9、5＋8、5＋7、5＋6、6＋8、6＋7、6＋6、7＋7、7＋6、8＋6

计算规则：减补进 1（或加凑减 5 再向前档进 1）。

三、珠算减法

常用的珠算减法有不借位和借位两种。用算盘进行减法计算时，"不借位减"（即本位减）中有"直接减"和"破五减"两种计算方法；在"借位减"中有"借十减"和"借十补五减"两种计算方法。

（一）不借位减法

本档珠够减，无须借位。

1. 直接减法

在算盘减算的档位上，减去 1－9 时，本档梁珠够减，在本档位上直接拨珠离梁。

【例6-9】 4-2＝2

运算过程：二去二（见图6-9）。

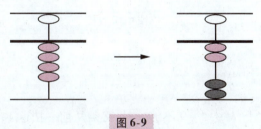

图 6-9

【例6-10】 9-6＝3

运算过程：六去六（见图6-10）。

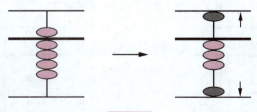

图 6-10

可使用直减法的种类：

9－1、9－2、9－3、9－4、9－5、9－6、9－7、9－8、9－9、8－1、8－2、8－3、8－5、8－6、8－7、

8-8、7-1、7-2、7-5、7-6、7-7、6-1、6-5、6-6、5-5、4-1、4-2、4-3、4-1、3-1、3-2、3-3、2-1、2-2、1-1

计算规则:减看梁珠,够减直减。

2. **破五减法**

在算盘减算的档位上,已有上珠靠梁,要减去1-4时,本档下珠不够减,需要拨去上珠,并根据"破五"的规则,把多减的数值在本档中加上。

【例6-11】 5-2=3

运算过程:上2的凑数3去5(见图6-11)。

图 6-11

【例6-12】 7-3=4

运算过程:上3的凑数2去5(见图6-12)。

图 6-12

(二) 借位减法

本档珠不够减,需要借位。

1. **借十减法**

在算盘减算的档位上,减去1-9不够减时,必须从前一档退1,在本档加上补数,本档框珠中的下珠够加时,直接拨珠加上补数。

【例6-13】 12-8=4

运算过程:八退一还二,退1加上8的补数2(见图6-13)。

图 6-13

【例6-14】 15-6=9

运算过程:退1加上6的补数4(见图6-14)。

图 6-14

2. 借十凑五减法

在算盘减算的档位上,上珠离梁,减去 6-9 不够减时,必须从前一档退 1,在本档加上补数;当本档框珠中的下珠不够加,根据"凑五"的规则,把多加的数值在本档梁珠中减去。

【例 6-15】　13-7=6

运算过程:退 1 加上 7 的补数 3(下珠不够,下 5 去 3 的凑数 2)(见图 6-15)。

图 6-15

【例 6-16】　11-6=5

运算过程:退 1 加上 6 的补数 4(下珠不够,下 5 去 4 的凑数 1)(见图 6-16)。

图 6-16

可使用补数减法的种类:

14-9、14-8、14-7、14-6

13-8、13-7、13-6

12-7、12-6

11-6

计算规则:满 10 减与凑 5 加的计算规则联合运用。

▶▶ 四、连加连减法

(一) 连加法

连加法就是将三个以上的数连续相加,求出总和的一种计算方法。它的运算性质和运算顺序均与两个数的加法相同。运算时,先将第一、第二两个数相加,求出它们的和,然后依次加上第三个加数、第四个加数……直至求出总和。

（二）连减法

连减法就是连续减去两个以上的数求差的一种计算方法。它的运算性质和运算顺序均与两个数的减法相同。运算时，先将第一和第二两个数相减，求出它们的差，然后再用差依次减去第三个减数、第四个减数……直至求出最后的差。

口诀加减法式是学习珠算的基础，只有在熟练的基础上才能对现代口诀正确理解，口诀加减法也是无诀法的基础。

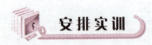

技能训练一　客观题训练

一、实训目的

通过下列客观题练习，能够达到会计从业资格考试大纲考试要求。

二、实训要求

在复习教材知识点基础上，独立完成下列客观题。

（一）单项选择题

1. "一学两会"是指（　　）同时学会。

　A. 加减法　　　　B. 乘除法　　　　C. 加乘法　　　　D. 减除法

2. 补数加减法是一种（　　）。

　A. 基本算法　　　B. 简便算法　　　C. 通用算法　　　D. 应用口诀法

3. 二下五去三这句口诀应用的是（　　）。

　A. 补五加法　　　B. 直接加法　　　C. 破五减法　　　D. 直接减法

4. 四上一去五这句口诀应用的是（　　）。

　A. 补五加法　　　B. 直接加法　　　C. 破五减法　　　D. 直接减法

（二）多项选择题

1. 下列互为补数的是（　　）。

　A. 1与4　　　　　B. 7与3　　　　　C. 2与3　　　　　D. 1与9

2. 下列算式运用补五加的是（　　）。

　A. 13＋4　　　　 B. 12＋4　　　　 C. 10＋4　　　　 D. 15＋4

3. 下列互为凑数的是（　　）。

　A. 4与6　　　　　B. 2与8　　　　　C. 2与3　　　　　D. 4与1

4. 下列算式运用破五减的是( )。
   A. 11 – 3　　　　B. 16 – 3　　　　C. 15 – 9　　　　D. 15 – 4
5. 下列算式运用直接加的是( )。
   A. 32 + 57　　　B. 17 + 2　　　　C. 23 + 4　　　　D. 15 + 3
6. 下列算式运用直接减的是( )。
   A. 18 – 4　　　　B. 17 – 6　　　　C. 13 – 5　　　　D. 14 – 2
7. 下列算式运用破五进十加法的是( )。
   A. 18 – 4　　　　B. 17 – 6　　　　C. 13 – 5　　　　D. 14 – 2
8. 下列算式运用补五退十减法的是( )。
   A. 10 – 5　　　　B. 12 – 6　　　　C. 13 – 8　　　　D. 12 – 8

（三）判断题

1. 凑五加法是指：加 1 – 4 时，本档下珠不够加，需要补上珠，并根据"凑五"的规则，把多加的数值从本档梁珠中减去。( )
2. 破五减法是指减去 1 – 4 时，本档下珠不够减，需要拨去上珠，并根据"破五"的规则，把多减的数值在本档中加上。( )
3. 2 与 8 是互为凑数。( )
4. 珠算加减法运算原则同笔算加减法一样，个位固定，同位相加( )
5. 珠算加减法的顺序和笔算加减法顺序一样，从低位到高位进行运算。( )
6. 减法口诀中"退一"是指本档减去 1。( )

技能训练二　珠算口诀加减法训练

一、实训目的

通过本次讲解与操作，使学生掌握珠算口诀加减算技术方法。

二、训练方法

操作示范、媒体演示、练习。

三、材料用具

算盘、笔、练习题。

四、操作步骤

（1）先在算盘上选定个位档；
（2）再拨上被加数；
（3）在相加时，要从高位向低位（即从左到右）依次加，这与笔算由低到高的方向相反；
（4）加数要和被加数的档位对齐，然后进行同位数加法运算，百位对百位，十位对十位，个位对个位；
（5）要从左到右三位或四位一节看数拨珠，熟练后边看边打；
（6）在初学时要运用口诀，熟练以后就不用口诀。

五、操作训练

1. 直加法

8 + 1 =	3 + 6 =	5 + 4 =	1 + 3 =
2 + 5 =	7 + 2 =	3 + 5 =	2 + 1 =
5 + 2 =	3 + 1 =	4 + 5 =	1 + 5 =
1 + 6 =	5 + 1 =	2 + 7 =	1 + 8 =
2 + 6 =	5 + 3 =	7 + 1 =	6 + 2 =
2 + 2 =	1 + 2 =	1 + 1 =	6 + 3 =
1 + 7 =	6 + 1 =		

2. 凑五加法

1 + 4 =	3 + 3 =	2 + 4 =
3 + 2 =	4 + 3 =	4 + 2 =
2 + 3 =	4 + 1 =	3 + 4 =
4 + 4 =		

3. 进十加法

1 + 9 =	6 + 5 =	8 + 7 =	6 + 9 =
3 + 8 =	9 + 7 =	5 + 5 =	4 + 6 =
9 + 8 =	8 + 4 =	9 + 5 =	2 + 8 =
7 + 9 =	7 + 4 =	9 + 2 =	2 + 9 =
8 + 9 =	8 + 5 =	8 + 8 =	7 + 3 =
6 + 4 =	7 + 5 =	9 + 1 =	7 + 8 =
9 + 4 =	8 + 3 =	9 + 6 =	3 + 9 =
3 + 7 =	4 + 8 =	8 + 2 =	9 + 3 =
4 + 9 =	9 + 9 =	4 + 7 =	

4. 进十破五加法

5 + 9 =	6 + 6 =	7 + 6 =
8 + 6 =	7 + 7 =	6 + 8 =
6 + 7 =	5 + 8 =	5 + 7 =
5 + 6 =		

5. 直减法

9 − 1 =	3 − 2 =	6 − 5 =	8 − 2 =	4 − 1 =
8 − 1 =	4 − 2 =	7 − 6 =	9 − 2 =	4 − 3 =
8 − 3 =	9 − 3 =	9 − 4 =	8 − 5 =	6 − 6 =
1 − 1 =	7 − 1 =	3 − 1 =	8 − 7 =	8 − 6 =
7 − 7 =	4 − 1 =	9 − 8 =	9 − 5 =	9 − 6 =
2 − 2 =	5 − 5 =	9 − 7 =	6 − 1 =	2 − 1 =

9 − 9 =   7 − 2 =   8 − 8 =   7 − 5 =

6. 破五减

5 − 3 =   6 − 4 =   5 − 1 =
7 − 4 =   5 − 2 =   8 − 4 =
5 − 4 =   6 − 3 =   7 − 3 =
6 − 2 =

7. 借十减法

15 − 9 =   12 − 9 =   10 − 7 =   11 − 9 =   18 − 9 =
10 − 6 =   14 − 5 =   10 − 1 =   12 − 5 =   16 − 7 =
16 − 9 =   10 − 5 =   11 − 5 =   11 − 3 =   10 − 8 =
12 − 8 =   17 − 9 =   10 − 2 =   11 − 2 =   10 − 3 =
16 − 8 =   10 − 4 =   13 − 4 =   15 − 8 =   11 − 7 =
13 − 5 =   11 − 8 =   12 − 4 =   15 − 7 =   10 − 9 =
13 − 9 =   12 − 3 =   17 − 8 =   15 − 6 =   11 − 4 =

8. 借十凑五减法

14 − 9 =   12 − 6 =   13 − 8 =
11 − 6 =   14 − 6 =   12 − 7 =
13 − 6 =   14 − 8 =   13 − 7 =
14 − 7 =

9. 连加连减法练习

(1) 5 287 + 3 695 =   (2) 358.96 + 95.47 =
(3) 4 783 + 2 159 + 6 825 =   (4) 315.87 + 2.35 + 96.57 =
(5) 800.34 + 751.66 =   (6) 6 834 + 2 158 + 976 =
(7) 101.01 + 989.99 =   (8) 100.84 + 99.16 =
(9) 5 197 − 318.46 − 5.18 =   (10) 673 + 52.91 + 41.39 =
(11) 6 473 + 5 627 + 3 819 =   (12) 989 631 − 2 587 − 9 174 − 51 =

技能训练三 珠算减算技术实训

一、实训目的

通过本次讲解与操作,使学生掌握珠算减算技术方法。

二、训练方法

操作示范、媒体演示、练习。

三、材料用具

算盘、笔、练习题等。

四、相关知识

(1) 减法的基础知识。

(2) 口诀减法。

口诀式减法同口诀式加法一样是运用一整套完整的口诀来指导拨珠动作,进行运算。对初学者来说,只要正确掌握口诀,按口诀的拨珠法进行运算,就能很快计算出所需要的数据。熟练后,可不用口诀直接运算,减法口诀同加法口诀一样共有26句。

五、操作步骤

(1) 先在算盘上选定个位档;
(2) 再拨上被减数;
(3) 在相减时,要从高位向低位(即从左到右)依次减,这与笔算由低到高的方向相反;
(4) 应将被减数与减数相同的数位对齐,同位数与同位数才能相减;
(5) 要从左到右三位或四位一节看数拨珠,熟练后边看边打;
(6) 在初学时要运用口诀,熟练以后就不用口诀。

六、操作训练

完成下列练习:

100 − 11	123 − 4	115 − 77	101 − 22	234 − 55	126 − 88
111 − 34	112 − 33	400 − 6	437 − 99	101 − 12	120 − 56
160 − 98	115 − 78	150 − 76	102 39	240 − 51	720 − 95
164 − 75	115 − 27	162 − 83	756 − 27	30 269 − 254	225 − 83
471 − 85	200 − 12	222 − 44	302 − 79	112 − 33	433 − 55
700 − 6	601 − 98	416 − 78	1 212 − 66	4 323 − 888	1 212 − 777

课外学习指要

1. 会计从业资格辅导教材《珠算》,中国财政经济出版社。
2. 会计从业资格辅导教材《珠算》,经济科学出版社。

任务二 无口诀加减法和加减混合算法

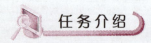

通过学习掌握无诀加减算法和加减法的简便算法以及加减混合算法。

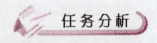

1. 掌握无诀加减算法。

2. 掌握加减法的简便算法。
3. 掌握加减混合算法。

相 关 知 识

珠算加减法无诀算法是相对有诀而言。无诀是指不用口诀,直接利用凑数和补数进行计算的加减法。

传统加减口诀不易理解、烦琐难记,还要一边想口诀一边打算盘,养成习惯影响计算速度。随着对"五升十进制"规则的理解,为提高珠算加减法学习效率,现阶段又多采用无诀法。

任务实施

一、常用无诀法

（一）无诀加法

珠算无诀加法的要点是：加看框珠,够加直加；下加不够,加五减凑；本档满十,进一减补。具体包括三种方法。

1. 直加法

加看框珠,够加直加。两数相加时,被加数拨入盘后,如果框珠大于或等于加数且下珠够加,就直接拨珠加上加数。

【例6-17】 22 + 25 = 47

第一步,定出个位档,将22拨入算盘（见图6-17）。

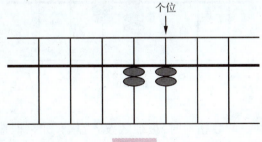

图 6-17

第二步,十位档和个位档框珠够加,直加25,得数为47（见图6-18）。

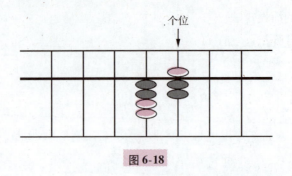

图 6-18

2. 满五加法

下加不够,加五减凑。两数相加时,被加数拨入盘后,如果梁珠大于或等于加数且下珠不够加,本档下珠不够用,必须拨下一个上珠,将多加的数从靠梁的下珠中减去,即减去加数的凑数。

【例6-18】 34+63=97

第一步,定出个位档,将34拨入算盘(见图6-19)。

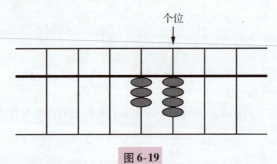

图 6-19

第二步,十位档够加,直加6,个位档下框珠不够,加上珠5,减去3的凑数2,得数为97(见图6-20)。

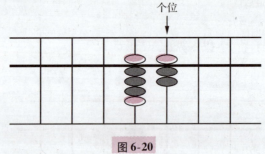

图 6-20

3. 进位加法

本档满十,进一减补。两数相加时,被加数拨入盘后,如果框珠小于加数(即本档满十),则必须进位,将进位多加的数减去,即减去加数的补数。

【例6-19】 67+26=93

第一步,定出个位档,将67拨入算盘(见图6-21)。

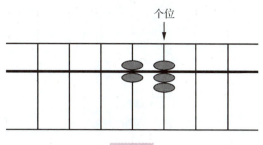

图 6-21

第二步,十位档够加,直加 2,个位档满 10,进 1 减 6 的补数 4,得数为 93(见图 6-22)。

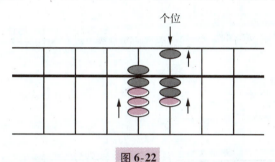

图 6-22

(二)无诀减法

珠算无诀减法的要点是:减看梁珠,够减直减;下减不够,减五加凑;本档不够,退一加补。具体包括三种方法。

1. 直减法

减看梁珠,够减直减。两数相减时,被减数拨入盘后,如果梁珠大于或等于减数且下珠够减,就直接拨珠减去减数。

【例 6-20】 89-32 = 57

第一步,定出个位档,将 89 拨入算盘(见图 6-23)。

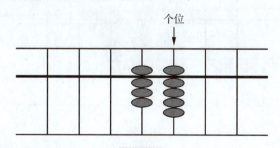

图 6-23

第二步,十位档够减,直减 3,个位够减 2,直减 2,得数为 57(见图 6-24)。

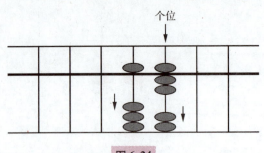

图 6-24

2. 破五减法

下减不够,减五加凑。两数相减时,被减数拨入盘后,如果梁珠大于或等于减数且下珠不够减,本档下珠不够用,必须拨去一个梁珠,将多减的数从离梁的下珠中加上,即加上减数的凑数。

【例 6-21】 87-34=53

第一步,定出个位档,将 87 拨入算盘(见图 6-25)。

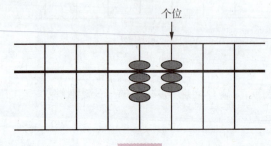

图 6-25

第二步,十位档够减,直减 3,个位档下珠不够减 4,减去上珠 5 加上 4 的凑数 1,得数为 53(见图 6-26)。

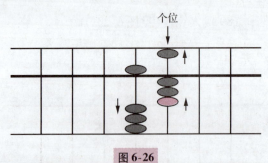

图 6-26

3. 退位减法

本档不够,退一加补。两数相减时,被减数拨入盘后,如果梁珠小于减数,则必须从前档退一,将退位多减的数加上,即加上减数的补数。

【例 6-22】 73-26=47

第一步,定出个位档,将 73 拨入算盘(见图 6-27)。

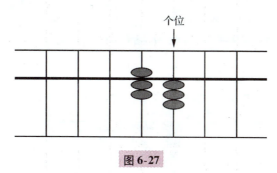

图 6-27

第二步,十位档够减,直减 2,个位档不够减 6,前档退 1,本档加上 6 的补数 4,得数为 47(见图 6-28、图 6-29)。

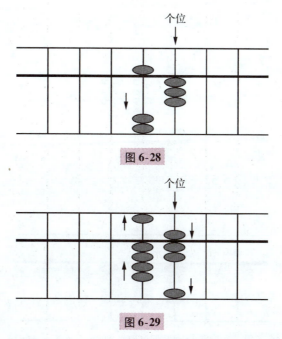

图 6-28

图 6-29

二、"一学两会"无诀法

"一学两会"即加减法同步教学,加减法同时学会。该法将基本加法分为直接加、凑 5 加、进位加三类,基本减法分为直接减、破 5 减、退位减三类;根据五的组合和分解规律来理解凑 5 加和破 5 减,根据十的组合和分解规律来理解进位加和退位减。

该法用简单的 6 句话代替加减法的 26 句口诀:(1)加法"加看框珠,够加直加;下加不够,加 5 减凑;本档满十,进 1 减补";(2)减法"减看梁珠,够减直减;下减不够,减 5 加凑;本档不够,退 1 加补"。

这种"一学两会"无诀法,可使学习者在打算盘时摆脱口诀的束缚,"见子说话"形成条件反射,效果比用口诀好。

(一) 直接加、直接减

这是最简明、最好算的加减法运算,约占加减计算量的一半,它只需要在本档计算:加看框珠,够加直接加;减看梁珠,够减直接减。

【例6-23】 432＋512＝944(见图6-30、图6-31)

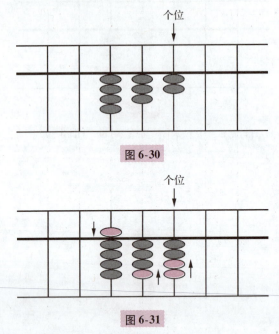

图 6-30

图 6-31

反算944-512＝432(见图6-32、图6-33)

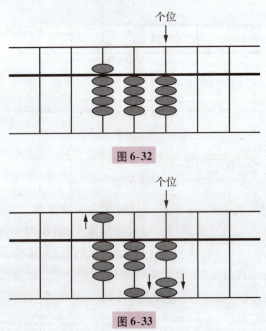

图 6-32

图 6-33

(二) 凑5加、破5减

这是关系凑5和破5的心算,约占加减计算量的二成,也在本档计算,要记住 和两组数的组合与分解:下加不够,加5减凑;下减不够,减5加凑。

【例6-24】 332+343=675(见图6-34、图6-35)

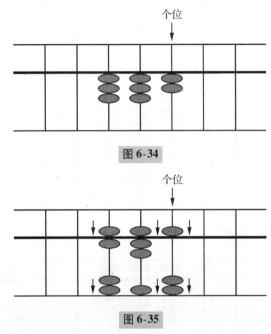

图6-34

图6-35

反算675-343=332(见图6-36、图6-37)

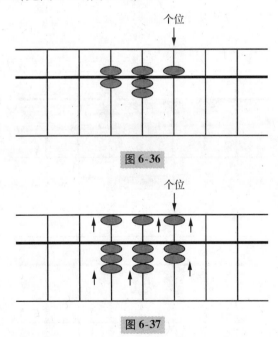

图6-36

图6-37

(三)进1加、退1减

这是关系进1和退1的心算,约占加减计算量的三成,在本档和前档计算,要记住

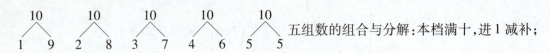

五组数的组合与分解:本档满十,进1减补;本档不够,退1加补。

【例6-25】 432+687=1 119(见图6-38、图6-39)

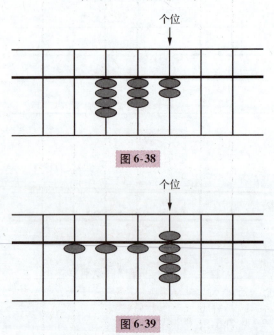

图6-38

图6-39

反算 1 119-687=432(见图6-40、图6-41)

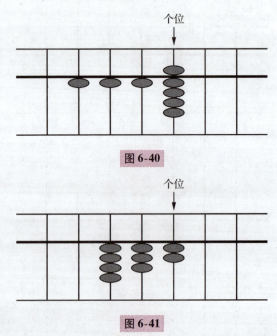

图6-40

图6-41

三、"五种运珠"形式无诀法

珠算加减法的原则是"五升十进"、左高右低,除直加、直减外,都是加中带减、减中带加,交叉进行,算珠靠梁、离梁的运动轨迹具体表现为五种不同的形式,因此,根据运珠形式进行加减法的无诀运算,不仅简明易会,而且能够快速形成心算能力。这正是中华珠算文化高明之处。

(一)直加、直减

直加、直减就是在算盘每档上直接加上或减去与该档"上一下四"数值相同的数字。

空盘时,上几是直加;满盘时,去几是直减。

盘上有珠,数未满9,空几就可加几,够减就可减几。下面用"+、-"符号代替加、减文字表述。

(二)下珠不够,加5减凑或减5加凑

1. 加5减凑

梁下只有四颗算珠都靠梁,才是"4",4+1出现"下珠不够",用上珠"以1代5",思维"加5减凑"。凑5包括1+4、2+3、3+2、4+1。

2. 减5加凑

梁上只有一颗上珠,其值是固定的,"以1代5",减比"5"小的数,上下互为借助。

当盘上有6、7、8时,不能直减,要借"5"调和,取得平衡。

(三)本档不够,进位减补或退位加补

1. 进位减补

档上有某数(含1-9)再加大于9,就借助左档"以1当10"平衡,形成10的互补。

2. 退位加补

本档有数直减不够,从左档借用,左退右补。

(四)本档已满,进位去5加凑

5+6可用+10-5+1　　　5+7可用+10-5+2
5+8可用+10-5+3　　　5+9可用+10-5+4

(五)本档不足,退位加5减凑

如上面四题的反运算:
11-6可用-10+5-1　　　12-7可用-10+5-2
13-8可用-10+5-3　　　14-9可用-10+5-4

四、加减混合算

加减混合算题,如果是竖式的,只有减数才标有减号"-",而加数的符号"+"则省略。其算法有两种:

（一）逐笔计算

逐笔计算的方法是按各个数的顺序依次逐笔计算。这种算法要注意看清、记准数字前面的符号,否则容易出现差错。

（二）归类计算

归类计算的方法一般是先用加法把所有的加数算完,然后才用减法按顺序减去各个减数。这种算法的思路单一,因而准确率较高,但速度较慢。

【例6-26】　　34 782 + 456 - 528 + 489 - 563
　　　　　　　= 34 782 + 456 + 489 - 528 - 563
　　　　　　　= 35 238 + 489 - 528 - 563
　　　　　　　= 35 727 - 528 - 563
　　　　　　　= 35 119 - 563
　　　　　　　= 34 636

无诀加减算法是建立在口诀算法基础上,是本任务学习重点,同时对加减法的简便算法以及加减混合算法要熟练掌握。

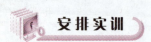

技能训练一　客观题训练

一、实训目的

通过下列客观题练习,能够达到会计从业资格考试大纲考试要求。

二、实训要求

在复习教材知识点基础上,独立完成下列客观题。

（一）单项选择题

1. 七上二去五进一这口诀应用的是（　　）。
　A. 进十加法　　　B. 退十减法　　　C. 破五进加法　　　D. 补五退十减法
2. 5 + 6 运算的含义理解正确的是（　　）。
　A. + 10 - 5 + 1　B. + 10 - 5 + 2　C. + 10 - 5 + 3　D. + 10 - 5 + 4

（二）多项选择题

1. 下列互为补数的是（　　）。
　A. 1 与 4　　　B. 7 与 3　　　C. 2 与 3　　　D. 1 与 9
2. 下列算式运用补五加的是（　　）。

A. 13 + 4　　　　　B. 12 + 4　　　　　C. 10 + 4　　　　　D. 15 + 4

3. 下列可以提高加减法运算速度的是(　　)。

A. 结合心算　　　B. 提高拨珠频率　　　C. 灵活运用运算律　　　D. 选择简便算法

(三) 判断题

1. 5 + 8 可用 + 10 − 5 + 3 来理解。(　　)

2. 归类计算的方法一般是先用加法把所有的加数算完,然后才用减法按顺序减去各个减数。(　　)

3. 珠算无诀减法的要点是:减看梁珠,够减直减;下减不够,减五加凑;本档不够,退一加补。(　　)

技能训练二　操作题训练

一、实训目的

通过操作,使学生掌握珠算无诀加减算技术方法。

二、训练方法

操作示范、媒体演示、练习。

三、材料用具

算盘、笔、练习题。

【操作训练】

1. 不错位减法练习(直减法、破五减法)

| (1) 492
−162
−210 | (2) 799
−251
−230 | (3) 8946
−5210
−422 | (4) 8749
−102
−4123 | (5) 3839
−102
−1531 |

| (6) 86.39
−5.12
−40.12 | (7) 78.96
−41.31
−15.20 | (8) 87.89
−55.01
−31.64 | (9) 87.98
−51.31
−25.64 | (10) 98.88
−52.70
−22.52 |

| (11) 5987
−1122
−1140 | (12) 8686
−104
−3142 | (13) 7692
−1210
−3021 | (14) 8786
−2042
−322 | (15) 7976
−341
−3313 |

| (16) 95.94
−2.43
−41.31 | (17) 89.97
−14.3
−13.11 | (18) 88.57
−32.31
−11.01 | (19) 75.99
−21.34
−11.42 | (20) 87.99
−31.32
−43.11 |

2. 借位减法练习(直接借位减法、替位补五减法)

| (1) | 3562
−995
−985 | (2) | 6227
−198
−547 | (3) | 3607
−919
−999 | (4) | 8303
−574
−959 | (5) | 2402
−673
−986 |

| (6) | 853.17
−65.87
−98.58 | (7) | 307.44
−35.38
−42.14 | (8) | 642.89
−283.99
−260.43 | (9) | 403.89
−16.29
−188.43 | (10) | 253.74
−45.38
−36.58 |

| (11) | 3244
−794
−2217 | (12) | 6372
−3949
−1775 | (13) | 6346
−2893
−3919 | (14) | 4628
−979
−1649 | (15) | 9486
−2839
−3793 |

| (16) | 16.38
−8.76
−4.29 | (17) | 28.79
−4.37
−8.96 | (18) | 544.22
−77.89
−236.77 | (19) | 612.46
−78.88
−79.46 | (20) | 742.13
−78.97
−476.98 |

3. 七盘成

先拨入 123 456 789,然后依次对档加上 123 456 789 七遍,最后在末位档上加 9,结果为 987 654 321。

4. 三盘成

先拨入 123 456 789,然后见子加子连加三遍,最后在末位档上加 9,结果为 987 654 321。

5. 加十盘

(1) 把 123 456 789 连加十遍,结果为 1 234 567 890。

(2) 把 987 654 321 连加十遍,结果为 9 876 543 210。

6. 加百子

(1) 1 + 2 + 3 + ⋯ + 98 + 99 + 100 = 5 050

(2) 100 + 99 + 98 + ⋯ + 3 + 2 + 1 = 5 050

7. 趣味常数练习

(1) 把 625 连加 16 次,结果为 10 000。

(2) 把 823 连加 15 次,结果为 12 345。

(3) 把 16 875 连加 16 次,结果为 270 000。

(4) 把 16 835 连加 18 次,结果为 303 030。

1. 会计从业资格辅导教材《珠算》,中国财政经济出版社。
2. 会计从业资格辅导教材《珠算》,经济科学出版社。

任务三　加减简便算法

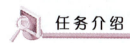

通过本任务学习掌握加减简便算法,要重视穿梭法的运用,特别是倒减法应成为学习的重难点。

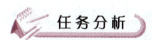

1. 重点掌握倒减法。
2. 熟练掌握穿梭法。

相　关　知　识

一、灵活运用加法运算律

加法的运算遵循交换律和结合律,若干个数相加,交换被加数与加数的位置,或者将其中几个数结合起来相加,其和不变。因此,采用交换律和结合律能够有效减少拨珠的次数,实现简便运算。

二、补数加减法

1. 补数加法

在珠算加法运算中,当加数接近10(10的正整数次幂)时,利用补数的关系进行运算,可以提高计算速度。

【例6-27】　　352 + 998
　　　　　　　= 352 + 1 000 − 2
　　　　　　　= 1 352 − 2
　　　　　　　= 1 350

2. 补数减法

在珠算减法运算中,当减数接近10(10的正整数次幂)时,利用补数的关系进行运算,可以提高计算速度。

【例6-28】　2 478 -995
=2 478 -(1 000 -5)
=2 478 -1 000 +5
=1 478 +5
=1 483

任务实施

一、倒减法

倒减法，又称借减法，是指在加减运算中，遇到被减数小于减数不够减时，利用虚借1的方法，加大被减数继续运算。其运算方法有三种情况。

（一）够还借数的算法

被减数小于减数不够减时，就在不够减的前一档虚借"1"（即加上"1"）来减，一直运算下去。如果发现够还借数，就及时偿还所借的数，在哪一档借就在哪一档还，其结果是盘上数，为正数。

【例6-29】　228 - 356 + 375 = 247

（1）把被减数228置到盘上（见图6-42）。

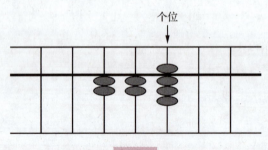

图6-42

（2）把被减数228百位上2减3不够减，向千位虚借"1"（见图6-43）。

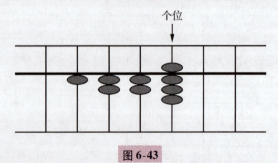

图6-43

(3) 十位、个位依次相减,得数 872（见图 6-44）。

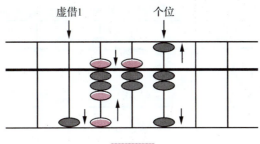

图 6-44

(4) 百位上 8 加 3 满 10,够还虚借的"1"应随借随还,十位、个位依次相加（见图 6-45）。

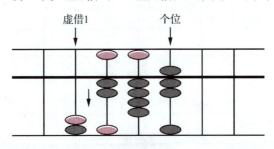

图 6-45

(5) 247 即为所求得数。

(二) 不够还借数的算法

经过倒减,算到最后,如果盘上数不够偿还所借数,结果为负数,就是框珠数。这就是上一下四珠算盘特有的"二元示数"功能。

【例 6-30】 345 − 412 = −67

(1) 被减数 345 置到盘上（见图 6-46）。

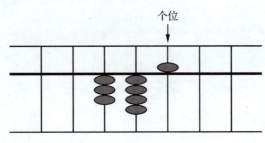

图 6-46

(2) 被减数 345 百位上 3 减 4 不够减,向千位虚借"1"（见图 6-47）。

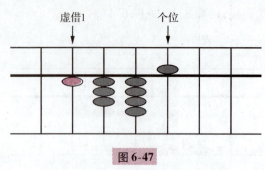

图 6-47

(3) 1 345 – 412 = 933(见图 6-48)。

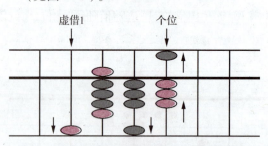

图 6-48

(4) 因为没还借数,梁珠 933 是虚数,框珠 67 是负数(最后一档多加 1),按"二元示数"原理,实际得数是 –67。

(三) 借数未还又借新数的算法

在运算过程中,借数未还又借新数时,应在原借档的前档再虚借 1,及时偿还原先借的数后继续运算,即借大还小

【例 6-31】 273 – 562 – 997 = –1 286

(1) 被减数 273 置到盘上(见图 6-49)。

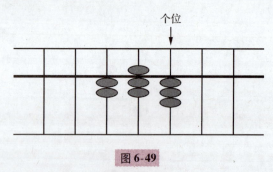

图 6-49

(2) 被减数 273 百位上 2 减 5 不够减,向千位虚借"1"(见图 6-50)。

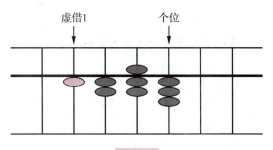

图 6-50

（3）1 273 – 562 = 711，再减 997 不够减，在万位档虚借"1"，还千位档虚借"1"，所以 1 千位档上拨 9，即 9 711 – 997 = 8 714（见图 6-51、图 6-52、图 6-53、图 6-54）。

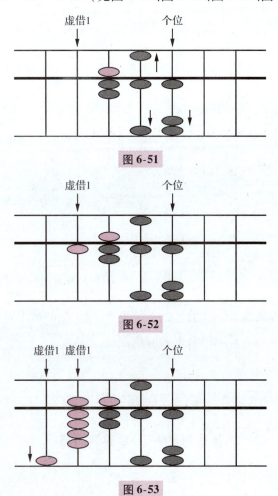

图 6-51

图 6-52

图 6-53

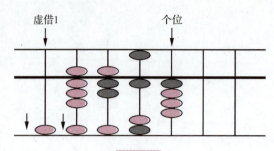

图 6-54

（4）万位档虚借"1"，还千位档虚借"1"，但没有还清借数，梁珠 8 714 是虚数，框珠 1 286 是负数，按二元示数原理，实际得数是 -1 286。

二、穿梭法

穿梭法，又称来回运算法，是指在珠算加减法中，单笔从左到右计算，双笔从右到左运算，直至算完为止的运算方法。

【例6-32】 45 + 67 + 82 + 31 = 225

第一笔	45	⟶
第二笔	67	⟵
第三笔	82	⟶
第四笔	31	⟵
	225	

归纳总结

穿梭法的运用是在熟练口诀法的基础上的提高，穿梭法的运用对提高技能大赛和从业资格考试技能考核珠算的运算成绩有很大的帮助。

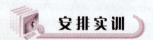

技能训练一 客观题训练

一、实训目的

通过下列客观题练习，能够达到会计从业资格考试大纲考试要求。

二、实训要求

在复习教材知识点基础上，独立完成下列客观题。

（一）单项选择题

1. 二行弃九法是指（   ）。

A. 加法运算　　　　B. 运算　　　　C. 乘法运算　　　　D. 加减混合

2. 倒减法采用的方法是(　　)。

A. 虚借"1"　　　　B. 归类计算　　　C. 改变顺序计算　　D. 跳跃计算

3. "借大还小"是应用在(　　)中。

A. 加法　　　　　　B. 减法　　　　　C. 乘法　　　　　　D. 除法

（二）多项选择题

倒减法遵循的原则是(　　)。

A. 随借随还　　　　B. 虚借"1"　　　C. 借大还小　　　　D. 哪档借哪档还

（三）判断题

1. 倒减法的含义是连减时，先减最后一个减数。(　　)

2. 倒减法，又称借减法，是指在加减运算中，遇到被减数小于减数不够减时，利用虚借1的方法，加大被减数继续运算。(　　)

3. 穿梭法，又称来回运算法，是指在珠算加减法中，单笔从左到右计算，双笔从右到左运算，直至算完为止的运算方法。(　　)

技能训练二　操作题训练

一、实训目的

通过操作，使学生掌握珠算穿梭法技术方法。

二、训练方法

操作示范、媒体演示、练习。

三、材料用具

算盘、笔、练习题。

四、操作训练

要求：用穿梭法、倒减法完成下列运算。

（一）	（二）	（三）	（四）
67 736 509.78	49 642.83	4 326.09	92 698 304.75
91 763.22	2 094 376.67	74 905.84	34 973.84
409 183.72	8 546.38	34 286 570.39	270 646.52
2 570 726.48	969 023.53	934 628.54	4 405 127.33
93 572.96	-4 277 954.16	2 043 293.77	2 250.41
7 746 950.45	47 042 596.82	1 918.64	292 738.74
317 046.39	3 307.85	728 073.86	18 039 284.96
63 567 189.08	77 928.56	43 976 196.02	4 042.37
7 937.23	94 214 085.39	71 724.92	74 950.16
2 784.96	89 524.36	3 129 673.07	1 778 695.34

续表

（五）	（六）	（七）	（八）
1 407 269 956	939 676	424 607 517	272 607
7 937 018	4 047 328	6 047 398	2 537 096
716 044 373	-76 183 954	43 467 389	27 048 229
23 692 101	274 011	5 976 218 340	102 359 238
5 370 927 168	3 077 594 688	2 735 824	6 273 345 873
9 173 624	6 609 743	152 207 383	304 285
65 437 787	71 432 784	79 470 138	39 537 624
227 083 914	3 728 450 136	-7 402 536 787	420 451 877
214 034	443 778 699	724 352	3 296 737 084
432 897	236 174 352	203 421	6 092 542

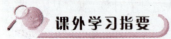

课外学习指要

1. 会计从业资格辅导教材《珠算》，中国财政经济出版社。
2. 会计从业资格辅导教材《珠算》，经济科学出版社。

项目七

珠算乘法技术

任务一　乘法的原理和定位方法

任务介绍

了解乘法的原理,掌握乘法的定位方法。

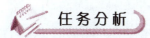

任务分析

1. 了解乘法的种类。
2. 了解乘法的运算顺序。
3. 熟悉乘法口诀。
4. 掌握珠算乘法的定位方法。

◆ 相 关 知 识 ◆

乘法是指求一个数的若干倍为多少的一种计算方法。其表达式如下:
被乘数×乘数=积数

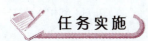

任务实施

▶▶ 一、珠算乘法原理

(一)乘法的种类

珠算乘法按照不同标准可以分为不同种类:(1)按适用范围可分为基本乘法和其他乘

法;(2)按乘算顺序可分为前乘法和后乘法;(3)按积的位置可分为隔位乘法和不隔位乘法;(4)按是否在盘上置数可分为置数乘法和空盘乘法。

（二）乘法的运算顺序

乘法的运算顺序因采用的方法不同而略有差异,如果采用"前乘法",运算从左到右,先从被乘数的最高位乘起,依次乘到最低位;如果采用"后乘法",运算从右到左,先从被乘数的最低位乘起,依次乘到最高位。

（三）乘法口诀

乘法口诀是指导乘法运算的常用口诀。其中,包含81句口诀的乘法口诀被称为大九九口诀(见表7-1),只包含其中45句口诀的乘法口诀被称为小九九口诀(如表7-1所示)。

表7-1 大九九口诀表

口诀\被乘数\乘数	一	二	三	四	五	六	七	八	九
一	一一 01	二一 02	三一 03	四一 04	五一 05	六一 06	七一 07	八一 08	九一 09
二	一二 02	二二 04	三二 06	四二 08	五二 10	六二 12	七二 14	八二 16	九二 18
三	一三 03	二三 06	三三 09	四三 12	五三 15	六三 18	七三 21	八三 24	九三 27
四	一四 04	二四 08	三四 12	四四 16	五四 20	六四 24	七四 28	八四 32	九四 36
五	一五 05	二五 10	三五 15	四五 20	五五 25	六五 30	七五 35	八五 40	九五 45
六	一六 06	二六 12	三六 18	四六 24	五六 30	六六 36	七六 42	八六 48	九六 54
七	一七 07	二七 14	三七 21	四七 28	五七 35	六七 42	七七 49	八七 78	九七 63
八	一八 08	二八 16	三八 24	四八 32	五八 40	六八 48	七八 56	八八 64	九八 72
九	一九 09	二九 18	三九 27	四九 36	五九 45	六九 54	七九 63	八九 72	九九 81

表7-1中的大九九口诀中共有81个积数,但由于乘法遵循交换律(如7×9和9×7的乘积均为63),所以,该表中只有45句口诀的积数是不同的,人们为了减轻记忆负担,就把重复的36句口诀删去。积数不同的45句乘法口诀被称为小九九口诀。小九九口诀先读小的因数,而不固定被乘数(实数)和乘数(法数)的位置。

大九九口诀是一套完整的口诀,能适用各种算题,计算时不用颠倒被乘数、乘数的顺序,拨珠顺序合理,既快速又不易发生差错,并且当积的个位数或十位数为零时,可以间档而不错档。所以,在珠算乘法计算中提倡采用大九九口诀。

二、珠算乘法的定位方法

（一）乘法中的数

乘法中的数包括整数和小数，是指由整数部分、小数部分和小数点组成的数字。整数是正整数、零、负整数的统称。小数包括纯小数和带小数。纯小数是指整数部分是零的小数。带小数是指整数部分是非零的小数。

（二）数的位数

乘积的定位通常是以被乘数和乘数的位数为依据。数的位数共分为正位数、负位数和零位数三类。

1. 正位数

一个数有几位整数，就叫作正(+)几位。凡整数和带小数的数字，有n位整数就叫正n位。如：

57 328(+5位)　　　57.32(+2位)　　　5.732 8(+1位)

2. 负位数

一个纯小数，小数点后到第一个有效数字之间有几个0，就叫作负(-)几位。凡纯小数的小数点到第一个有效数字前，有n个0就叫负n位。如：

0.057(-1位)　　　0.005 7(-2位)　　　0.000 57(-3位)

3. 零位数

一个纯小数，小数点后到第一个有效数字之间没有零，就叫作零(0)位。凡纯小数的小数点后面到有效数字之间没有0的数，叫作零位数。如：

0.573 28(0位)　　　0.64(0位)

4. 数的位数与盘上档位的对应

数的位数与盘上的档位具有一一对应的关系。其中，数的正一位对应个位档，依次向左递增，向右递减（见图7-1）。

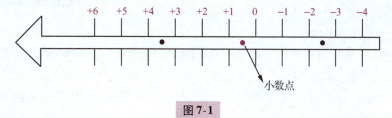

图7-1

（三）积的定位方法

1. 固定个位法

固定个位法又称算前定位法，它是先在算盘上定出个位档，在采用不隔位破头乘法运算时，该法根据被乘数的位数(m)与乘数的位数(n)之和（即m+n）来确定被乘数首位数的入盘档。如果二者位数和(m+n)为1，即为正一位，就将被乘数首位数置于既定的个位档上；如果位数和为2，即为正二位，就将被乘数首位数置于个位档左边的十位档上；如果位数和为0,即为零位,就将被乘数首位数置于个位档右边的十分位档上;如果位数和为-1,即为负一位,就将被乘数首位数置于个位档右边的百分位档上。其他依此类推。置数上盘进行运算后,盘上得数即为所求的积数。

在采用空盘前乘法运算时,二者位数和就是起乘档,即积数首次乘积十位数的入盘档。

2. 公式定位法

公式定位法又称算后定位法,该法先将积数的首位数与被乘数、乘数的首位数进行比较,然后以被乘数的位数(m)与乘数的位数(n)之和(即 m+n)为基准来确定积数的位数。具体包括三种情形:

(1) 积首小,位相加。

积数首位数小于被乘数或乘数的首位数时,被乘数的位数与乘数的位数之和即为积数的位数。积数的位数(以下简称积位)= m+n。

【例7-1】 $8 \times 53 = 424$

因为积的首位4小于被乘数首位8和乘数首位5

所以积位 = m+n = (+1位)+(+2位) = +3位

【例7-2】 $57 \times 903 = 51\,871$

因为积的首位数5 = 被乘数首位5,而5小于9

所以积位 = m+n = (+2位)+(+3位) = +5位

(2) 积首大,加后减1。

积数首位数大于被乘数或乘数的首位数时,被乘数的位数加上乘数的位数减去1,即为积数的位数。积位 = m+n-1。

【例7-3】 $23 \times 16 = 368$

因为积的首位3大于被乘数首位2和乘数首位1

所以积位 = m+n-1 = (+2位)+(+2位)-1 = +3位

【例7-4】 $0.71 \times 1.1 = 0.781$

因为积的首位7等于被乘数首位7,而7大于乘数首位1

所以积位 = m+n-1 = (0位)+(+1位)-1 = 0位

(3) 首相等,比下位。

如果积数、被乘数和乘数三者的首位数均相等时,就比较三者的第二位数,如果仍相等,就比较第三位数,依此类推,直至末位数。如果仍均相等,则视同积数首位数大。

在比较过程中,只要三者不全相等,就按照前述两种情形确定积数的位数。

【例7-5】 $95 \times 98 = 9\,310$

因为积的首位9等于被乘数首位9 = 乘数首位9

用第二位数比

因为3小于被乘数第二位5和乘数第二位8

所以积位 = m+n = (+2位)+(+2位) = +4位

【例7-6】 $0.1 \times 0.01 = 0.001$

因为1 = 1 = 1

所以积位 = m + n-1 = (0 位) + (-1 位)-1 = -2 位

归纳总结

大九九口诀是学好珠算乘法的重要基础,同时要熟练掌握积的定位方法。

安排实训

技能训练一 客观题训练

一、实训目的

通过下列客观题练习,能够达到会计从业资格考试大纲考试要求。

二、实训要求

在复习教材知识点基础上,独立完成下列客观题。

(一) 单项选择题

1. 下列数的位数是正 4 位的是( )。

   A. 2 500   B. 1.325   C. 16.34   D. 301.245

2. 乘除法的公式定位法都涉及实数( )。

   A. 数的位数   B. 数的大小   C. 是整数还是小数   D. 是整数还是负数

3. 下列哪句乘法口诀在珠算乘算中读法正确( )。

   A. 二三得六   B. 四五二十   C. 七八五十六   D. 二一02

4. 下列数属于正位数的是( )。

   A. 1.25   B. 0.36   C. 0.018   D. 0.002 5

5. 下列数属于零位数的是( )。

   A. 0.043   B. 0.36   C. 3.02   D. 12.005

6. 下列数属于负位数的是( )。

   A. 0.816   B. 0.032   C. 10.25   D. 6.032

(二) 多项选择题

1. 下列数的位数是正 4 位的是( )。

   A. 2 500   B. 1 325   C. 16.34   D. 3 012.45

2. 下列数的位数是负 2 位的是( )。

   A. 32.005   B. 1.004   C. 0.002 5   D. 0.004 07

3. 下列数的位数是 0 位的是( )。

   A. 0.032   B. 0.415   C. 0.600 7   D. 0.9

4. 下列数的位数是正 3 位的是( )。

   A. 100   B. 465   C. 807.25   D. 36.5

5. 下列位数是正位的是（　　）。
A. 3.25　　　　B. 8　　　　C. 6.307　　　　D. 0.4

6. 用公式定位法判定下列算式中积是正4位的是（　　）。
A. 12×25　　　B. 82×34　　C. 56×72　　　D. 34×18

7. 用公式定位法判定下列算式中积是正3位的是（　　）。
A. 17×22　　　B. 96×35　　C. 24×31　　　D. 44×66

8. 下列数最高位是3的是（　　）。
A. 31　　　　　B. 0.370 6　　C. 0.003 2　　D. 16.03

（三）判断题

1. 珠算乘法和笔算乘法一样，须应用口诀进行运算。（　　）
2. 乘法的公式定位法有两个公式。（　　）
3. 公式定位法是算后定位法。（　　）
4. 除法应用的口诀和乘法应用的口诀都是大九九口诀。（　　）

技能训练二　操作题训练

一、实训目的
掌握珠算乘算技术方法。

二、训练方法
操作示范、媒体演示、练习。

三、材料用具
算盘、笔、习题等。

四、相关知识
固定个位法、公式定位法。

五、操作训练

1. 指出下列各数的位数
369(　) 　25 801(　) 　7 482(　) 　24 000(　) 　0.749(　)
0.087 5(　) 　1.006 24(　) 　30.004(　) 　7 364.02(　) 　0.002 58(　)

2. 根据括号内指出的位数，确定各数的数值
3 456（三位）　7 865（负二位）　743（0位）　7 925（负一位）　2（负六位）

3. 把下列各题用固定个位档定位法定出积的个位档，并用公式定位法定出积的位数
13 579×300　　　　　294×0.06　　　　0.008 45×0.07　　　264×700
3 749.25×4 000　　　83.2×0.4　　　　2 368×500　　　　　0.071×8 000

 **课外学习指要**

1. 会计从业资格辅导教材《珠算》,中国财政经济出版社。
2. 会计从业资格辅导教材《珠算》,经济科学出版社。

任务二　基本珠算乘法

 任务介绍

掌握常用的珠算乘法,熟悉乘法的简便算法。

任务分析

1. 掌握空盘前乘法。
2. 掌握掉尾乘法。
3. 掌握留头乘法。
4. 掌握破头乘法。
5. 了解连乘法。

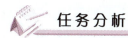 相　关　知　识

　　由于珠算历史悠久,历年来产生和流行的乘法种类很多,诸多算法中若按其运算顺序分类,可以分成两大类:"前乘法"和"后乘法"。

任务实施

▶▶ 一、空盘前乘法

空盘前乘法是指两数相乘时,运算前不用在盘上置数,而是依次用乘数的首位数至末位数去乘被乘数。这种方法的要点是:

1. 确定起乘档

确定首次乘积十位数应拨入的档位,被乘数与乘数均不上盘。

2. 运算顺序

运算时,要默记被乘数,眼看乘数。首先依次用乘数的首位数至末位数分别去乘被乘数的首位数;接着依次用乘数的首位数至末位数分别去乘被乘数的第二位数。依此类推,直至依次用乘数的首位数至末位数分别去乘被乘数的末位数。

乘的顺序如下(见图7-2):

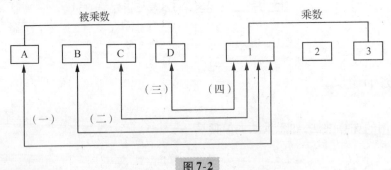

图 7-2

3. 加积的档位

如果利用固定个位法,用乘数的首位数去乘被乘数的首位数时,其积的十位数加在按照固定个位法计算的被乘数与乘数位数之和的档位上,积的个位数加在其十位数的右一档上;用乘数的第二位数去乘被乘数的首位数时,乘积的记数位置比首位数相乘相应右移一档,以后各位的乘积的记数位置依次右移。用乘数的首位数去乘被乘数的第二位数时,乘积的十位数加在按照固定个位法计算的被乘数与乘数位数之和的档位的右一档上,以后各位的乘积的记数位置依次右移。依此类推,乘数各位数去乘被乘数其他以后各位的乘积的记数位置依次右移。

如果利用公式定位法,首积的十位数加在起乘档上,个位数右移一档,乘数的第二位数及以后各位与固定个位法相同。

4. 乘积

利用固定个位法时,当用乘数乘完被乘数的末位数以后,反映在算盘上的数,就是乘积;如果利用公式定位法,还需根据定位公式确定积的位数。

这种方法的优点是计算速度快,档次清楚,准确率高,不怕数位多。

【例7-7】 3 752 × 49 = 183 484

"空盘"就是不把被乘数和乘数拨在算盘上,眼看被乘数,默记乘数。从算盘左边第一档乘积。

① 眼看被乘数3 752,默记乘数49,用乘数的最高位4去乘被乘数的最高位3,"四三12",把乘积的十位1拨入算盘左一档上,个位数2拨入左二档上(见图7-3)。

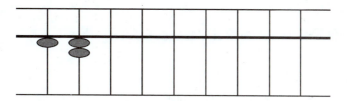

图 7-3

② 用乘数的 4 去乘被乘数后三位 752，"四七 28"、"四五 20"、"四二 08"，从乘积的个位一档起错位相加 28、20、08（见图 7-4）。

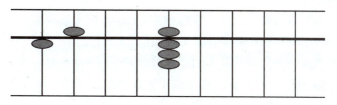

图 7-4

③ 眼看被乘数 3 752，默记乘数 49，用乘数的次高位 9 去乘被乘数的最高位 3，"九三 27"，把乘积的十位 2 拨入算盘左二档上，个位数 7 拨入左三档上（见图 7-5）。

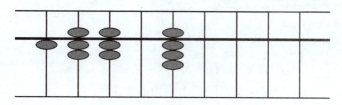

图 7-5

④ 用乘数的 9 去乘被乘数后三位 752，"九七 63"、"九五 45""九二 18"，从乘积的个位档起错位相加 63、45、18（见图 7-6）。

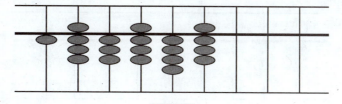

图 7-6

用公式定位法确定积的位数是 4 + 2 = 6（位）（利用 m + n 定位，因左一档无空挡），得乘积 183 848。

二、掉尾乘法

掉尾乘法是指两数相乘时，依次用乘数的末位数至首位数去乘被乘数。这种方法的要点是：

1. 置数

采用固定个位法时,确定被乘数首位数应拨入的档位,依次布入被乘数,将乘数拨入算盘右边适当的位置。

2. 运算顺序

首先依次用乘数的末位数至首位数分别去乘被乘数的末位数;接着依次用乘数的末位数至首位数分别去乘被乘数的倒数第二位数。依此类推,直至依次用乘数的末位数至首位数分别去乘被乘数的首位数。

3. 加积的档位

每次运算时,用乘数的第几位数去乘被乘数,其积数的个位数就加在该被乘数本档的右边第几档上,积的十位数则相应加在其个位档的左一档上。当用乘数的首位数去乘被乘数时,将被乘数本档算珠改变为其乘积的十位数。

特别需要说明的是,运算过程中,如果满十不能进位时,只能默记,乘完后再补进。

4. 乘积

当用乘数乘完被乘数的首位数以后,反映在算盘上的数,就是乘积。

这种方法的优点是运算方法同笔算运算顺序相同。但掉尾乘法定位难度大,容易错档;运算顺序从右到左,很不方便,实效不佳。

【例7-8】 $84 \times 57 = 4\,788$

运算说明:

第一步,定位(以固定个位法为例)。

① 确定个位档:选一个带记位点的档为乘积的个位档。

② 在已经确定的个位档上,确定被乘数首位数应拨入的档位;$m + n = (\ +2) + (\ +2) = +4(位)$,依次拨入被乘数84,将乘数57拨入算盘右边适当位置(见图7-7)。

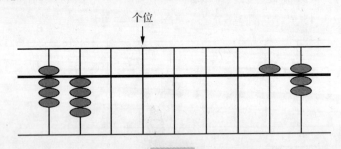

图 7-7

第二步 运算。

① 用乘数的第二位(即本题末位数)7去乘被乘数的末位数4得28,将该乘积个位数8定位于4右边第二档(即个位档)上置数28,得出28(见图7-8)。

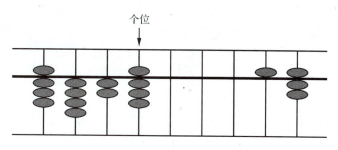

图 7-8

② 用乘数的首位数 5 去乘被乘数末位 4 得 20,将该乘积的个位数 0 定位于 4 右边第一档上,在上一步的基础上置数 20,得出 228(见图 7-9)。

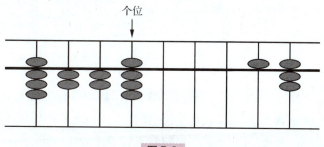

图 7-9

③ 依次用乘数的末位数 7 和首位数 5 去乘被乘数的首位数 8,得数 4 788(见图 7-10、图 7-11)。

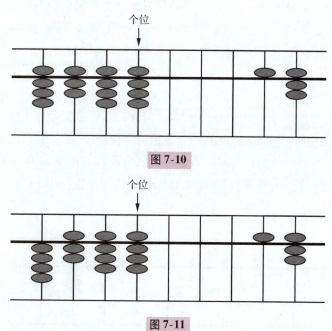

图 7-10

图 7-11

三、留头乘法

留头乘法是指两数相乘时,依次用乘数的第二位数直至末位数去乘被乘数,最后用乘数的首位数去乘被乘数。这种方法的要点是:

1. 置数

采用固定个位法时,确定被乘数首位数应拨入的档位,依次布入被乘数,将乘数拨入算盘右边适当的位置。

2. 运算顺序

首先用乘数的第二位数、第三位数直至末位数,最后用首位数依次去乘被乘数的末位数;接着用乘数的第二位数、第三位数直至末位数,最后用首位数依次去乘被乘数的倒数第二位数。依此类推,直至用乘数的第二位数、第三位数直至末位数,最后用首位数依次去乘被乘数的首位数。

3. 加积的档位

每次运算时,用乘数的第几位数去乘被乘数,其积数的个位数就加在该被乘数本档的右边第几档上,积的十位数则相应加在其个位档的左一档上。当用乘数的首位数去乘被乘数时,将被乘数本档算珠改变为其乘积的十位数。

特别需要说明的是,运算过程中,如果满十不能进位时,只能默记,乘完后再补进。

4. 乘积

当用乘数乘完被乘数的首位数以后,反映在算盘上的数,即为乘积。

这种方法的优点是被乘数、乘数不用默记,比较直观,容易掌握。但留头乘法对乘数的取数码与读数顺序不一致,不能口念乘数进行运算,所以速度较慢。

【例7-9】 $56 \times 87 = 4\,872$

运算说明:

第一步,定位(以固定个位档法为例)。

① 确定个位档:选一个带记位点的档为乘积的个位档。

② 在确定个位档的基础上,确定被乘数首位数应拨入的档位 $m + n = (\ +2) + (\ +2) = +4$ 位,依次拨入被乘数56,将乘数87拨入算盘右边适当位置(见图7-12)。

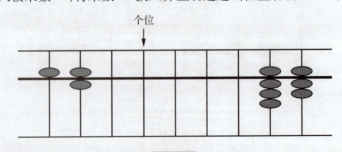

图7-12

第二步,运算。

① 用乘数的第二位数7去乘被乘数的末位数6得42,将该乘积的个位档2定位于6

右边的第二档上,置数42(见图7-13)。

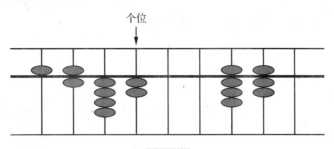

图 7-13

② 用乘数的首位数8去乘被乘数的末位数6得48,将该乘数的个位数字8定位于6右边的第一档上,在上一步的基础上(42)置数48,得出522(见图7-14)。

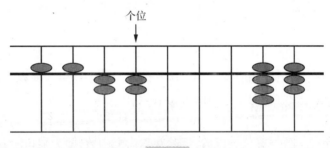

图 7-14

③ 依次用乘数的第二位7与首位8去乘被乘数的首位5得出4 872(见图7-15、图7-16)。

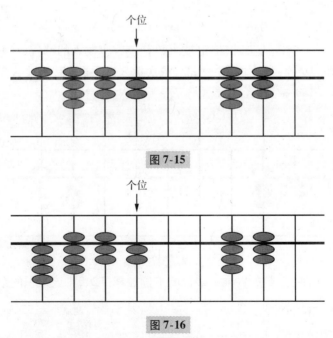

图 7-15

图 7-16

四、破头乘法

破头乘法是指两数相乘时,依次用乘数的首位数至末位数去乘被乘数。这种方法的要点是:

1. 置数

采用固定个位法时,确定被乘数首位数应拨入的档位,依次布入被乘数,将乘数拨入算盘右边适当的位置。熟练之后,乘数可以默记,不用上盘。

2. 运算顺序

破头乘法的运算顺序与掉尾乘法相反。首先依次用乘数的首位数至末位数分别去乘被乘数的末位数;接着依次用乘数的首位数至末位数分别去乘被乘数的倒数第二位数。依此类推,直至依次用乘数的首位数至末位数分别去乘被乘数的首位数。

3. 加积的档位

每次运算时,用乘数的第几位数去乘被乘数,其积数的个位数就加在该被乘数本档的右边第几档上,积的十位数则相应加在其个位档的左一档上。当用乘数的首位数去乘被乘数时,将被乘数本档算珠改变为其乘积的十位数。

4. 乘积

当用乘数乘完被乘数的首位数以后,反映在算盘上的数,即为乘积。

需要注意的是,运算过程中,被乘数本档的数因相乘去掉,所以必须默记。

这种方法的优点是按乘数的自然顺序运算,从左到右拨珠,符合读数习惯,手拨乘积速度快。

【例7-10】 28×37 = 1 036

第一步,采用固定个位档法时,确定被乘数首位数应拨入的档位:m + n = (+2 位) + (+2 位) = +4 位,从个位档左边第三档起,依次拨入被乘数 28,将乘数 37 拨入算盘右边的位置(见图 7-17)。

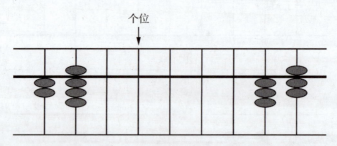

图 7-17

第二步,用乘数的首位数 3 去乘被乘数的末位数 8 得 24,将该乘积的个位数 4 定位与 8 的右一档位上,置数 24(见图 7-18)。

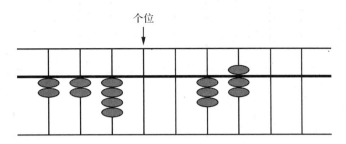

图 7-18

第三步,用乘数的第二位 7 去乘被乘数的末位数 8 得 56,将该乘积的个位数 6 定位于 8 的右第二档位上,置数 56(见图 7-19)。

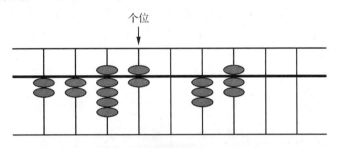

图 7-19

第四步,用乘数的 3 和 7 依次去乘被乘数首位数 2,得数为 1 036(见图 7-20、图 7-21)。

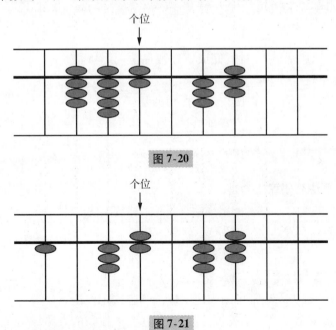

图 7-20

图 7-21

根据积的定位公式 $m+n=4$ 位数,所以结果为 1 036。

五、连乘法

连乘法就是两个以上的数连续相乘,求出积数的一种计算方法。它的运算性质和运算顺序均与两个数的乘法相同。

运算时,先将第一、第二两个数相乘,求出它们的积,然后依次乘第三个数、第四个数,其他依此类推,直至求出积数。

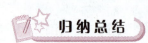

本任务重点学习了空盘前乘法、破头乘、留头乘等乘算技术方法,其中空盘前乘法是目前珠算技能训练中普遍的运算方法。

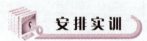

技能训练一　客观题训练

一、实训目的

通过下列客观题练习,能够达到会计从业资格考试大纲考试要求。

二、实训要求

在复习教材知识点基础上,独立完成下列客观题。

(一)单项选择题

1. 下列算法中不拨因数,直接在盘上拨积的是(　　)。
   A. 破头乘法　　　　B. 空盘前乘法　　C. 省乘法　　　　　D. 掉尾乘法

2. 下列属于乘法的基本算法的是(　　)。
   A. 倍数乘法　　　　B. 补数乘法　　　C. 破头乘法　　　　D. 省乘法

3. 下列不是乘法简便算法的是(　　)。
   A. 倍数乘法　　　　B. 掉尾乘法　　　C. 补数乘法　　　　D. 省乘法

4. 头档针对算法的是(　　)。
   A. 破头乘法　　　　B. 留头乘法　　　C. 掉尾乘法　　　　D. 空盘前乘法

(二)判断题

1. 空盘前乘法、破头乘法都可用固定个位法和公式定位法。(　　)
2. 破头乘法是两个因数都不拨入盘内,直接在盘上拨积的方法。(　　)

技能训练二　操作题训练

一、实训目的

掌握珠算空盘前乘法、破头乘、留头乘等乘算技术方法。

二、训练方法

操作示范、媒体演示、练习。

三、材料用具

算盘、笔、习题等。

四、相关知识

空盘前乘法、破头乘、留头乘。

五、操作训练

1. 用空盘前乘法完成下列各题一位数乘法

123 456 789 ×2 = 246 913 578	987 654 321 ×2 = 1 975 308 642
123 456 789 ×3 = 370 370 367	987 654 321 ×3 = 2 962 962 963
123 456 789 ×4 = 493 827 156	987 654 321 ×4 = 3 950 617 284
123 456 789 ×5 = 617 283 945	987 654 321 ×5 = 4 938 271 605
123 456 789 ×6 = 740 740 734	987 654 321 ×6 = 5 925 925 926
123 456 789 ×7 = 864 197 523	987 654 321 ×7 = 6 913 580 247
123 456 789 ×8 = 987 654 312	987 654 321 ×8 = 7 901 234 568
123 456 789 ×9 = 1 111 111 101	987 654 321 ×9 = 8 888 888 889

2. 用空盘前乘法完成下列各题多位数乘法

75 ×39 = 2 925   692 ×4 001 = 2 768 692
648 ×54 = 34 992   216 ×108 = 23 328
9 286 ×43 = 399 298   9 254 ×60 005 = 555 286 270
586 ×672 = 393 792   809 ×504 = 407 736
6 537 ×842 = 5 504 154   307 ×6 002 = 1 842 614
3 895 ×9 614 = 37 446 530   604 ×308 = 186 032
809 ×54 = 43 686   602 ×4 001 = 2 408 602
307 ×62 = 19 034   206 ×108 = 22 248
604 ×38 = 22 952   9 054 ×6 005 = 54 369 270
5 008 ×79 = 395 632   8. 07 ×3. 06 = 24. 694 2
6 004 ×786 = 4 719 144   728. 54 ×2. 09 = 1 522. 649
90 001 ×4 295 = 386 554 295   93. 16 ×0. 0724 = 6. 744 784
839 ×504 = 422 856   107. 3 ×5. 04 = 540. 792
317 ×6 002 = 1 902 634   2. 047 ×0. 009 56 = 0. 019 569
694 ×308 = 213 752   4 278. 9 ×0. 082 36 = 352. 410 204

3. 用破头乘法和留头乘法练习下列各题
要求:小数题保留小数点后两位。

(1) 2 121×6 074 =   (16) 0.041 56×3 728 =
(2) 5 272×7 156 =   (17) 8 402×4.175 =
(3) 6 823×729.9 =   (18) 459.4×60.26 =
(4) 7 047×0.913 9 =   (19) 83.73×1.885 =
(5) 34.54×77.34 =   (20) 4 846×0.047 15 =
(6) 201.9×47.58 =   (21) 0.703 4×4 426 =
(7) 72.37×28.45 =   (22) 937.4×95.03 =
(8) 8 053×8 426 =   (23) 62.83×16.09 =
(9) 91.47×40.38 =   (24) 3 766×40.89 =
(10) 3.836×619.7 =   (25) 7 154×3 776 =
(11) 2 188×9 429 =   (26) 8 924×40.74 =
(12) 97.61×862.5 =   (27) 70.54×31.69 =
(13) 7 042×91.57 =   (28) 0.943 6×8 415 =
(14) 667.9×35.27 =   (29) 609.4×37.68 =
(15) 97.36×29.41 =   (30) 23.74×80.62 =

 课外学习指要

1. 会计从业资格辅导教材《珠算》,中国财政经济出版社。
2. 会计从业资格辅导教材《珠算》,经济科学出版社。

任务三 其他珠算乘法

 任务介绍

灵活运用乘法运算律,掌握倍数乘法、补数乘法、省乘法。

 任务分析

1. 灵活运用乘法运算律。
2. 掌握倍数乘法。
3. 掌握补数乘法。
4. 掌握省乘法。

相关知识

乘法运算律

乘法的运算遵循交换律、结合律和分配律,在珠算乘法中灵活运用乘法运算律,可适当减少运算过程和拨珠次数。

1. 交换律是指几个数相乘,交换因数的位置,积不变。

【例7-11】　　40×56×25
　　　　　　=40×25×56
　　　　　　=1 000×56
　　　　　　=56 000

2. 乘法结合律是三个数相乘,先把前两个数相乘,再乘以一个数,还可以把后两个数相乘,再乘以一个数,积不变。

【例7-12】　　69×125×8
　　　　　　=69×(125×8)
　　　　　　=69×1 000
　　　　　　=69 000

3. 分配律是两个数的和与一个数相乘,可以先把它们分别与这个数相乘,再相加,得数不变,这叫作分配律。字母表示:$(a+b)×c=a×c+b×c$

【例7-13】　　25×(400+1)
　　　　　　=25×400+25×1
　　　　　　=10 000+25
　　　　　　=10 025

任务实施

一、倍数乘法

倍数乘法是指乘数是几,就在算盘上连续加几次被乘数的一种计算方法。倍数乘法运算时不用九九口诀,采用加一排数或减一排数的计算方法。它的优点是将乘法变为加减法运算,省略了口诀,提高了计算速度。

（一）层加法

当乘数是1、2、3时适用此法。即按照乘数,连续加几次被乘数。

【例7-14】　　652×221=144 092

第一步,采用固定个位法,确定乘数首位数应拨入的档位 m+n=(+3)+(+3)=+6(位),依次拨入乘数221,默记被乘数(见图7-22)。

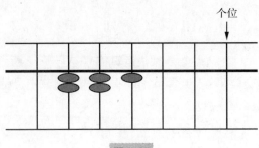

图 7-22

第二步,拨去乘数末位1,在本档右一档起,加上一个652,得出652(见图7-23)。

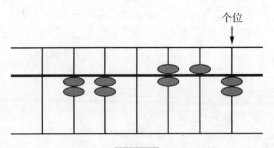

图 7-23

第三步,拨去乘数倒数第二位数2,在本档右一档起,加上两个652,得出13 692(见图7-24)。

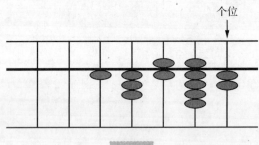

图 7-24

第四步,拨去乘数首位数2,在本档右一档起,加上两个652,得出得数为144 092(见图7-25)。

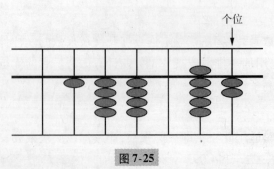

图 7-25

（二）折半法

当乘数是4、5、6时适用此法。乘数如果是5,则为被乘数一半的10倍;乘数如果是4,就先按5计算,再减去一个被乘数;乘数如果是6,就先按5计算,再加上一个被乘数。

【例7-15】 68×456=31 008

第一步,采用固定个位法,确定乘数首位数应拨入的档位 m+n=(+2)+(+3)=+5(位),依次拨入乘数456,默记被乘数(见图7-26)。

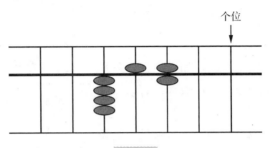

图7-26

第二步,拨去乘数末位6,在本档加上68的一半34(即6先按5算,去乘以68,得到68的折半数34),从本档右一档起,加上一个68,得出408(见图7-27)。

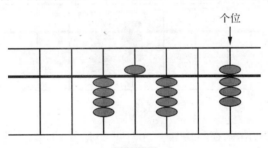

图7-27

第三步,拨去乘数第二位数5,在本档加68的一半34,得出3 808(见图7-28)。

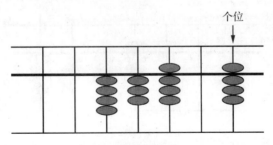

图7-28

第四步,拨去乘数首位数4,在本档加上34(即4先按5算,去乘68,得到68的折半数34),从本档右一档起,减去一个68,得数为31 008(见图7-29)。

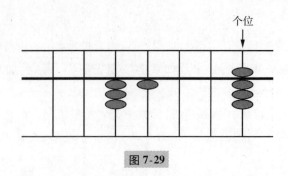

图 7-29

（三）凑十法

当乘数是 7、8、9 时适用此法。如果乘数是 7、8、9 时，均先按 10 计算，然后从乘积中按照 10 减去乘数的差，连续减去几次被乘数。

【例 7-16】 $36 \times 89 = 3\,204$

第一步，采用固定个位法，确定乘数首位数应拨入的档位 m + n = (+2) + (+2) = +4（位），依次拨入乘数 89，默记被乘数（见图 7-30）。

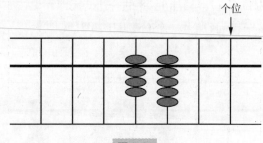

图 7-30

第二步，拨去乘数末位 9，在本档加上 360（即 9 先按 10 算，去乘以 36 得到 360），从本档右一档减去一个 36，得出 324（见图 7-31）。

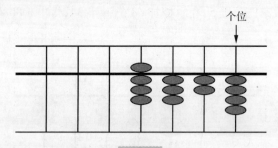

图 7-31

第三步，拨去乘数首位 8，在本档加上 360（即 8 先按 10 算，去乘 36 得 360），从本档右一档减去两个 36，得出 3 204（见图 7-32）。

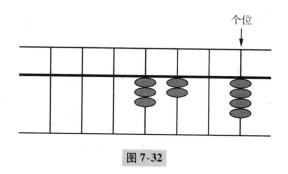

图 7-32

二、补数乘法

补数乘法是指凡两数相乘,其中有一个因数接近 10 的整数次幂时,可以把这个数先凑成 10 的乘方数或整数,利用齐数与补数的关系,用加、减和简单的乘代替繁乘。它的优点是将乘法转换为加减法和简单乘法,可以较快地计算出得数。

(一)补数加乘法

凡乘数(或被乘数)接近 10 的整数次幂,而被乘数(或乘数)的各位数字均在 5 以上时,适合用补数加乘法。

【例 7-17】 $978 \times 89 = 87\,042$

第一步,本题被乘数 978 和乘数 89 均接近 10 的整数次幂,因此,可以看成(1 000-22)和(100-11),这样就可以求出被乘数的补数是 22 和乘数的补数是 11。根据数学原理:

$978 \times 89 = 978 \times (100-11) = 97\,800 - 978 \times 11$

$= 97\,800 - (1\,000-22) \times 11 = 97\,800 + 22 \times 11 - 11\,000$

$= 97\,800 + (20+2) \times 11 - 11\,000$

$= 97\,800 + 220 + 22 - 11\,000$

$= 87\,042$

第二步,从个位档左边第四档拨入 $978 \times 100 = 97\,800$(见图 7-33)。

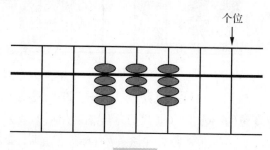

图 7-33

第三步,从个位档左边第二档拨入被乘数与乘数补数的乘积:$22 \times 11 = 242$,得出 98 042(见图 7-34)。

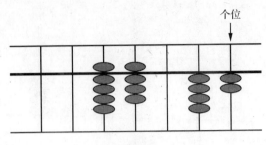

图 7-34

第四步,从个位档左边第四档减去:11×1 000 = 11 000,得数为 87 042(见图 7-35)。

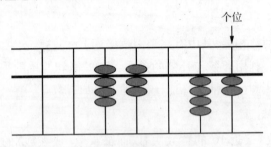

图 7-35

(二) 补数减乘法

凡乘数(或被乘数)接近 10 的整数次幂,而被乘数(或乘数)的各位数字均在 5 以下时,适合用补数减乘法。

【例 7-18】　　74×98 = 74×(100-2)
　　　　　　　　　= 74×100-74×2

其运算步骤如下:

① 置数:从算盘左一档拨入被乘数 74(见图 7-36)。

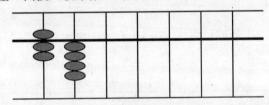

图 7-36

② 减积:即减去盘上该因数与另一因数补数之积。减积规则为:凡补数在该因数的第几位,其与另一因数最高位的乘积的十位就在算盘左第几档中减去,其个位在十位右一档减去。在本题中补数为 02,由于非零数 2 在该乘数的第二位,所以其与另一因数 74 的乘积(74×2 = 148)就从算盘左第二档减去,得其积数为 7 252(见图 7-37)。

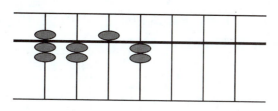

图 7-37

③ 经定位,得数为 7 252。

三、省乘法

(1) 用空盘前乘法或破头乘法计算。积数定位采用算前定位法。

(2) 按照要求的精确度确定压尾档。要求保留 m 位小数的,应计算到小数点后的第 m+2 位,压尾档则在小数点后的第 m+3 位。

(3) 用破头乘法置被乘数时,拨到压尾档前一档为止。

(4) 边乘边加积数,直至压尾档前一档为止。凡落在压尾档及后面各档的积数,一律放弃。

(5) 乘完后,对多算的积数尾数四舍五入。

【例 7-19】 $3.871\,267 \times 7.836\,23 = 30.34$(精确到 0.01)

① 采用公式求出位数码:m+n+精确度+保险系数 1 位 = 5 位,按固定个位档法拨入被乘数入盘,记住小数点保留 2 位,再加保险系数 1 位,末位看着压尾档,计算时算到压尾档为止(见图 7-38)。

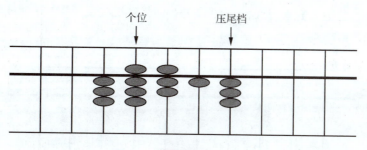

图 7-38

② 被乘数末位 3 乘以乘数首位 7,3×7 = 21,压尾档下一位 1 舍去,乘数 7 以下可以不再乘了,盘面数 38 712(见图 7-39)。

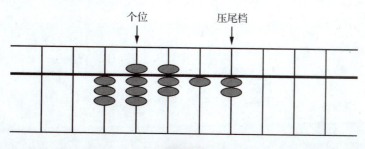

图 7-39

③ 被乘数的倒数第二位 1 乘以乘数 78 即可，"一七 07""一八 08"，压尾档下一位数 8 进上来，盘面数为 38 710（见图 7-40）。

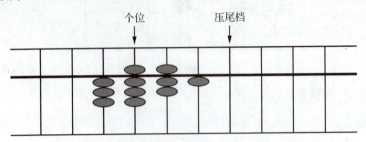

图 7-40

④ 被乘数的倒数第三位 7 乘以乘数 783 即可，"七七 49""七八 56""七三 21"，压尾档下一位数 1 舍去，盘面数为 38 558（见图 7-41）。

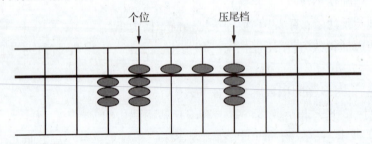

图 7-41

⑤ 被乘数的倒数第四位 8 乘以乘数 7 836 即可，"八七 56""八八 64""八三 24""八六 48"，压尾档下一位数 8 五入，盘面数为 36 827（见图 7-42）。

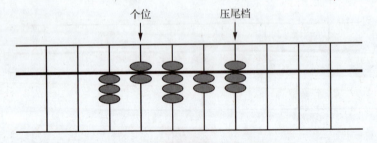

图 7-42

⑥ 被乘数首位 3 乘以乘数 78 362 即可，得积数 30 336（见图 7-43）。

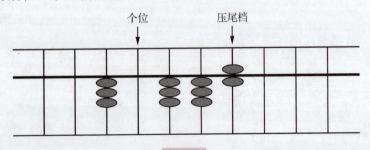

图 7-43

⑦ 最后得数为 30.34。

本任务主要掌握倍数乘法、补数乘法、省乘法,其中倍数乘法、补数乘法是学习重点;倍数乘法在实际运用中较多。

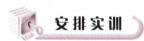

技能训练一　客观题训练

一、实训目的

通过下列客观题练习,能够达到会计从业资格考试大纲考试要求。

二、实训要求

在复习教材知识点基础上,独立完成下列客观题。

（一）单项选择题

1. 省乘法是针对(　　)。
   A. 小数乘法　　　　　　B. 因数位数较多的乘法
   C. 整数乘法　　　　　　D. 因数位数较少的乘法
2. 下列属于乘法简便算法的是(　　)。
   A. 空盘乘法　　B. 破头乘法　　C. 补数乘法　　D. 省乘法

（二）多项选择题

1. 下列算法属于倍数乘法的是(　　)。
   A. 补数加乘法　　B. 层加法　　C. 折半法　　D. 补数减乘法
2. 下列算法属于补数乘法的是(　　)。
   A. 补数加乘法　　B. 凑十法　　C. 折半法　　D. 补数减乘法

（三）判断题

1. 省乘法只能用固定个位法。(　　)
2. 乘法的运算顺序与笔算一样,须从低位到高位。(　　)
3. 数的位数是由这个数的最高位所在的位置决定的。(　　)
4. 珠算加减法只能算前定位,而珠算乘法可算前定位,也可算后定位。(　　)

技能训练二　操作题训练

一、实训目的

掌握珠算乘算技术方法。

二、训练方法

操作示范、媒体演示、练习。

三、材料用具

算盘、笔、习题等。

四、相关知识

倍数乘法、补数乘法、省乘法。

五、操作训练

1. 倍数、凑整数法练习(小数要求保留小数点后两位)

(1) 4 238 × 0.99 =
(2) 31.74 × 96 =
(3) 520.3 × 9.7 =
(4) 0.418 5 × 90 =
(5) 26.73 × 9.8 =
(6) 3 154 × 996 =
(7) 729.3 × 99.8 =
(8) 85.12 × 9.97 =
(9) 4 306 × 992 =
(10) 2.678 × 97.3 =
(11) 61.52 × 99.9 =
(12) 346.1 × 90.5 =
(13) 72.38 × 94.3 =
(14) 851.9 × 9.83 =
(15) 9 327 × 908 =
(16) 57.42 × 99.96 =
(17) 38.56 × 909.8 =
(18) 4.365 × 9 928 =
(19) 7 541 × 0.909 6 =
(20) 0.305 7 × 999.9 =
(21) 21.34 × 91.94 =
(22) 5 273 × 9 099 =
(23) 18.46 × 91.97 =
(24) 39.72 × 939.5 =
(25) 8 103 × 9 076 =
(26) 8 174 × 91 =
(27) 7 608 × 13 =
(28) 3 125 × 89 =
(29) 4 672 × 94 =
(30) 9 136 × 87 =

2. 省乘法练习(小数题要求保留小数点后两位)

(1) 163.781 × 273.568 9 =
(2) 408.159 × 36.721 98 =
(3) 86.473 6 × 13.568 07 =
(4) 386.251 × 47.189 36 =
(5) 45.879 3 × 268.751 9 =
(6) 28.465 79 × 8 176.394 =
(7) 3.125 796 × 4 028.937 =
(8) 643.581 7 × 265.918 3 =
(9) 91.384 52 × 612.071 8 =
(10) 38.467 91 × 207.831 6 =
(11) 520.738 4 × 36 984.21 =
(16) 2 735.461 × 30 895.16 =
(17) 483.071 9 × 645.387 2 =
(18) 348.629 × 57.364 81 =
(19) 73.518 6 × 294.831 7 =
(20) 943.651 2 × 784.165 9 =
(21) 36.894 2 × 910.735 =
(22) 8 172.394 × 40.268 71 =
(23) 572.693 × 74.385 6 =
(24) 3 621.58 × 4.274 39 =
(25) 820.173 × 38.465 7 =
(26) 30.697 14 × 0.532 =

(12) 6 158.743 × 901.256 8 =
(13) 43 867.18 × 7 462.319 =
(14) 1 635.942 × 371.562 8 =
(15) 584.736 2 × 4 983.605 =

(27) 6.195 483 × 45.219 6 =
(28) 0.392 753 1 × 64.902 7 =
(29) 54.318 274 × 0.786 291 =
(30) 602.914 87 × 8.916 35 =

 课外学习指要

1. 会计从业资格辅导教材《珠算》,中国财政经济出版社。
2. 会计从业资格辅导教材《珠算》,经济科学出版社。

项目八

珠算除法技术

任务一　珠算除法原理和定位方法

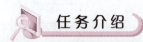

了解珠算除法相关基础知识,重点掌握除法的定位方法。

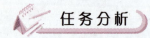

1. 了解除法的种类。
2. 了解除法的运算顺序。
3. 掌握珠算除法的定位方法。

相　关　知　识

除法是四则运算之一。已知两个因数的积与其中一个因数,求另一个因数的运算,叫作除法。若 $ab=c(b\neq 0)$,用积数 c 和因数 b 来求另一个因数 a 的运算就是除法,写作 c/b,读作 c 除以 b(或 b 除 c)。其中,c 叫作被除数,b 叫作除数,运算的结果 a 叫作商。

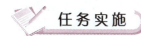

一、珠算除法原理

（一）除法的种类

除法按照估商方法的不同，分为归除法和商除法；按照立商的档位不同，又可以分为隔位除法和不隔位除法（又称挨位除法）。

按照商除法的估商方法、归除法的置商及减积法则来进行运算的一种既快又准的珠算除算方法被称为改商除法（又称为不隔位商除法）。

（二）除法的运算顺序

除法的运算顺序如下：将被除数按要求布入算盘，然后采用大九九口诀，从左到右，先从被除数的首位数除起，逐位迭减试商与除数的乘积，依次除至末位数，计算出得数。

（三）除法口诀

除法是乘法的逆运算，在商除法下，可以按照乘法大九九口诀估商。

二、珠算除法的定位方法

（一）固定个位法

固定个位法，又称算前定位法，即首先在算盘上确定个位档，然后置数上盘进行运算，盘上得数即为所求的商数。

隔位除法下，被除数首位数入盘的位置是根据被除数的位数（m）与除数的位数（n）之差再减1（即m-n-1）来确定，如果差为1（即正一位），就将被除数首位数置于既定的个位档上；如果差为2（即正二位），就将被除数首位数置于个位档左边的十位档上；如果差为0（即零位），就将被除数首位数置于个位档右边的十分位档上；如果差为-1（即负一位），就将被除数首位数置于个位档右边的百分位档上，其他依此类推。

不隔位商除法下，被除数首位数入盘的位置则以被除数的位数（m）与除数的位数（n）之差（即m-n）为基础来确定。

（二）公式定位法

公式定位法，又称算后定位法。该法下，先将被除数首位数与除数首位数进行比较，然后以被除数的位数（m）与除数的位数（n）之差（即m-n）为基准来确定商数的位数。

具体有三种情形：

1. 被首小，位相减

被除数首位数小于除数首位数时，被除数的位数减除数的位数，就是商数的位数。

即：商数的位数（以下简称商位）= m-n

【例8-1】 54÷6=9

∵ 5<6

∴ 商位 = m-n = (+2 位)-(+1 位) = +1 位

2. 被首大,减后加1

被除数首位数大于除数首位数时,被除数的位数减除数的位数加上1,就是商数的位数。

即:商位 = m-n+1

【例8-2】 54÷2=27

∵ 5>2

∴ 商位 = m-n+1 = (+2 位)-(+1 位) +1 = +2 位

3. 首位等,比下位

如果被除数的首位数与除数的首位数相等时,就比较二者的第二位数,如果仍相等,就比较第三位数,依此类推,直至末位数,如果仍相等,则视同被除数首位数大。

在比较过程中,只要二者不相等,就按照前述两种情形确定商数的位数。

【例8-3】 440÷44=10

∵ 被除数的首位数4 = 除数的首位数4

比第二位数被除数的首位数4 = 除数的第二位数4,视同被除数首位数大

∴ 商位 = m-n+1 = (+3 位)-(+2 位) +1 = +2 位

归纳总结

本任务主要学习了珠算除法原理和定位方法,重点要掌握固定个位档法和公式定位法。

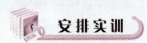

安排实训

技能训练一 客观题训练

一、实训目的

通过下列客观题练习,能够达到会计从业资格考试大纲考试要求。

二、实训要求

在复习教材知识点基础上,独立完成下列客观题。

(一)单项选择题

1. 除法的公式定位法有( )个公式。

A. 1   B. 2   C. 3   D. 4

2. 多位数除法是指( )。

A. 被除数是2位或2位以上非零数字的除法

B. 除数是2位或2位以上非零数字的除法

C. 被除数和除数都是2位或2位以上非零数字的除法

D. 被除数与除数位数和是2位或2位以上非零数字的除法

(二) 多项选择题

1. 用公式定位法判定商的位数整数的算式是( )。

A. 8 881÷107   B. 5 125÷41   C. 5 220÷75   D. 24 726÷26

2. 用公式定位法判定商的位数有3位的整数的算式是( )。

A. 996÷6   B. 370 358÷659   C. 5 220÷15   D. 147 244÷524

3. 下列算式商的有效数字都是154,用公式定位法判定商是15.4的算式是( )。

A. 97.02÷63   B. 97.02÷6.3   C. 9.702÷0.63   D. 970.2÷630

4. 用公式定位法判定商的位数是0位的是( )。

A. 19.44÷54   B. 3.625 2÷5.3   C. 6.74÷0.32   D. 54.3÷2.1

(三) 判断题

1. 除法的定位方法主要是固定个位法和公式定位法。( )

2. 不隔位商除法下,被除数首位数入盘的位置则以被除数的位数(m)与除数的位数(n)之差(即m-n)为基础来确定。( )

3. 公式定位法,又称算后定位法。该法下,先将被除数首位数与除数首位数进行比较,然后以被除数的位数(m)与除数的位数(n)之差(即m-n)为基准来确定商数的位数。( )

技能训练二　珠算除算技术实训

一、实训目的

掌握珠算除算定位技术方法。

二、训练方法

操作示范、媒体演示、练习。

三、材料用具

算盘、笔、习题等。

四、相关知识

除法的定位方法。

五、操作训练

1. 下列各题的计算结果在算盘上都是75,按公式定位法,确定它们的商

(1) 17 925÷239   (2) 17.925÷239

(3) 17 925÷0.239   (4) 1.792 5÷239

(5) 17 925÷2.39 (6) 1 792.5÷23.9
(7) 0.179 25÷23.9 (8) 179.25÷0.023 9
(9) 1 792.5÷0.002 39 (10) 1.792 5÷239

2. 基本练习:定位(精确到0.01)

(1) 23.46÷0.3 = (16) 713.6÷20 =
(2) 436.38÷700 = (17) 250.92÷400 =
(3) 0.627 2÷0.008 = (18) 92.04÷0.06 =
(4) 316.44÷9 000 = (19) 44.984÷0.8 =
(5) 22 800÷500 = (20) 100.66÷700 =
(6) 67.88÷0.4 = (21) 27 486÷9 000 =
(7) 895.2÷600 = (22) 17.289÷0.03 =
(8) 70.92÷0.02 = (23) 1 338÷600 =
(9) 247.32÷400 = (24) 9.478÷0.7 =
(10) 143.04÷0.6 = (25) 85.36÷800 =
(11) 3 911÷0.05 = (26) 4.693 8÷0.006 =
(12) 490.96÷80 = (27) 190.26÷0.02 =
(13) 96.03÷0.09 = (28) 212.40÷900 =
(14) 95.13÷700 = (29) 94.36÷0.4 =
(15) 0.703 5÷0.03 = (30) 315.60÷500 =

3. 基本练习:定位(精确到0.01)

(1) 36 504÷18 = (16) 3.939 9÷0.69 =
(2) 52.041÷8.3 = (17) 18.396÷28 =
(3) 91.455÷3.9 = (18) 0.032 85÷7.3 =
(4) 26.196÷7.4 = (19) 25 536÷380 =
(5) 487.32÷93 = (20) 187.62÷59 =
(6) 16 408.2÷6.9 = (21) 50 592÷99 =
(7) 309.96÷0.84 = (22) 551.833÷9.7 =
(8) 110.45÷470 = (23) 0.328 7÷95 =
(9) 188.34÷7.3 = (24) 505.92÷96 =
(10) 40.48÷92 = (25) 0.328 7÷9.5 =
(11) 112.32÷18 = (26) 324.87÷91 =
(12) 0.333÷7.4 = (27) 317.4÷920 =
(13) 238.6÷39 = (28) 324.87÷91 =
(14) 17.802÷4.6 = (29) 1 104÷48 =
(15) 20 067.6÷8.4 = (30) 587.64÷59 =

课外学习指要

1. 会计从业资格辅导教材《珠算》,中国财政经济出版社。
2. 会计从业资格辅导教材《珠算》,经济科学出版社。

任务二　常用的珠算除法

任务介绍

掌握常用的珠算商除法,了解珠算省除法。

任务分析

1. 掌握隔位商除法。
2. 掌握不隔位商除法。
3. 了解省除法。

> **相　关　知　识**
>
> 珠算除法的种类很多,按不同的分类方法,可有归除法、扒皮除法、加减代除法、商除法等,在这些方法中,因商除法与笔算法基本相同,而具有易学易懂、计算速度快等优点。我们这里主要介绍的除法也是采用商除法。
>
> 商除法是指两数相除时,用被除数与除数进行比较,心算估商,然后用大九九口诀,将估算的商数与除数相乘,从被除数中减去乘积,得出商数。

任务实施

一、隔位商除法

（一）隔位商除法的计算步骤

1. 置数

采用固定个位法时,以为基础确定被除数首位数应拨入的档位,依次布入被除数。

2. 估商

用被除数除以除数,确定商数是几。

3. 置商

够除,隔位商;不够除,挨位商。

4. 减去乘积

置商后,按照从被除数首位数起,由高位到低位,从被除数中减去商数与除数的乘积。每置一次商即减一次乘积,直至达到要求为止。

5. 确定商数

运算完成后,反映在算盘上的数,即为商数。

(二)隔位商除法的具体应用

1. 一位除法

一位除法,是指除数只有一位非零数字的除法。不论被除数是多少位,只要除数是一位非零数字,都称为一位除法。

【例8-4】 67 928÷4＝16 982

第一步:置数。

采用固定个位法时,以为基础确定被除数首位数应拨入的档位 m-n-1＝5-1-1＝＋3 位,依次布入被除数(见图8-1)。

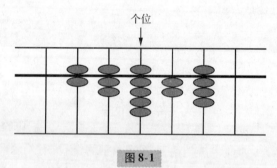

图 8-1

第二步:估商。

用九九口诀逆推估商看被除数里包含多少个除数(一位不够除看两位)。

第三步:置商。

因为6除以4够除,所以隔位商1;把估商1的数拨上盘(见图8-2)。

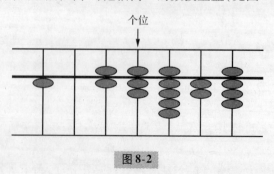

图 8-2

第四步:减积。

从商的后一档减去商×除数的积:(1×4 减 04)(见图 8-3)。

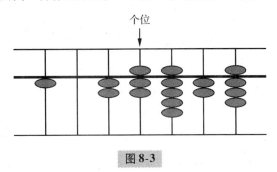

图 8-3

第五步:确定商数。

以下余数重复上述 4 个步骤,直至乘减完毕,得数即为本道题的商数 16 982。

2. 多位除法

多位除法,是指除数为两位或两位以上非零数字的除法。不论被除数是多少位,只要除数为两位或两位以上非零数字,都称为多位除法。

多位除法的运算原理与一位除法一致,只是在首次估商时,可以运用以下估商法则:(1)被除数首位数大于或等于除数的首位数,且除数的第二位数小于5时,在被除数首位数内运用除数首位数估商;(2)被除数首位数大于或等于除数的首位数,且除数的第二位数大于5时,在被除数首位数内运用除数首位数加1估商;(3)被除数首位数小于除数的首位数,且除数的第二位数小于5时,在被除数首位数和第二位数内运用除数首位数估商;(4)被除数首位数小于除数的首位数,且除数的第二位数大于5时,在被除数首位数和第二位数内运用除数首位数加1估商。在后续运算的估商中,依此类推。

【例 8-5】 147 244÷524=281

第一步,采用固定个位法时,确定被除数首位数应拨入的档位:m-n-1=(+6位)-(+3位)-1=+2位。从个位档左边第一档起,依次拨入被除数147 244(见图8-4)。

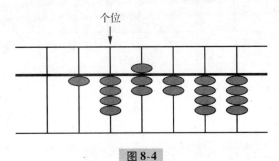

图 8-4

第二步,被除数前4位1 472中,包含2个524,故商2。因为不够除,所以要挨位商,商数2要商在个位档左边第二档上。用商数2去乘除数524,从被除数中减去1 048,余数42 444(见图8-5)。

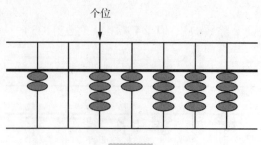

图 8-5

第三步,余数 4 位数 4 244 中,包含 8 个 524,故商 8。因为不够除,所以要挨位商,商数 8 要商在个位档左边第一档上。用商数 8 去乘 524,从被除数中减去乘积 4 192 余数 524(见图 8-6)。

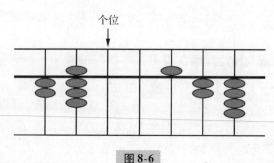

图 8-6

第四步,余数 524 中,包含 1 个 524,故商 1。因为够除,所以要隔位商,商数 1 要商在个位档上。用商数 1 去乘 524,从被除数中减去乘积 524,得数为 281(见图 8-7)。

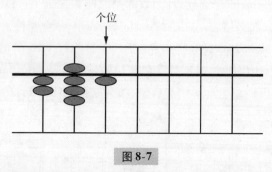

图 8-7

▶▶ 二、不隔位商除法

改商除法又称挨位商除法,是对隔位商除法进行改进的一种运算方法,其运算原理与隔位商除法一致,只是在定位和置商时的档位有所不同。

这种方法的优点是占用档位少,简化了运算程序,拨珠次数相应减少,计算速度快。

(一)不隔位商除法的计算步骤

1. 置数

采用固定个位法时,以 m-n 为基础确定被除数首位数应拨入的档位,依次布入被除数。

2. 估商

用被除数除以除数,确定商数是几。

在首次估商时,可以运用以下估商法则:(1)被除数首位数大于或等于除数的首位数,且除数的第二位数小于 5 时,在被除数首位数内运用除数首位数估商;(2)被除数首位数大于或等于除数的首位数,且除数的第二位数大于 5 时,在被除数首位数内运用除数首位数加 1 估商;(3)被除数首位数小于除数的首位数,且除数的第二位数小于 5 时,在被除数首位数和第二位数内运用除数首位数估商;(4)被除数首位数小于除数的首位数,且除数的第二位数大于 5 时,在被除数首位数和第二位数内运用除数首位数加 1 估商。在后续运算的估商中,依此类推。

3. 置商

够除,挨位商;不够除,本位改作商。

4. 减积的档位

置商后,按照从被除数首位数起,由高位到低位,从被除数中减去商数与除数的乘积。每置一次商即减一次乘积,直至达到要求为止。

5. 商数

运算完成后,反映在算盘上的数,就是商数。

(二)不隔位商除法的具体应用

1. 一位除法

【例 8-6】 275 896 ÷ 4 = 68 974

第一步:置数。

采用固定个位法时,以 m-n = 6-1 = 5 位为基础确定被除数首位数应拨入的档位,依次布入被除数,把被除数拨上盘(见图 8-8)。

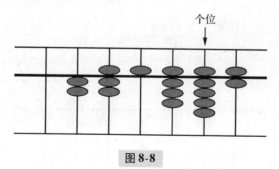

图 8-8

第二步:估商。

用九九口诀逆推估商,看被除数里包含多少个除数(一位不够除看两位),27 中包含 6 个 4,故商 6。

第三步:置商

把估商的数拨上盘:够除,挨位商;不够除本位改作商。

∵ 本题被除数首位 2 不够除除数 4,

∴ 本位除数首位 2 改作商 6(见图 8-9)。

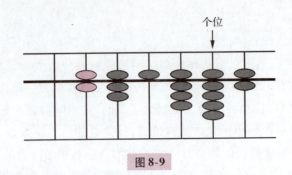

图 8-9

第四步:减积。

从商的后一档减去商×除数的积:24(6×4)(见图 8-10)。

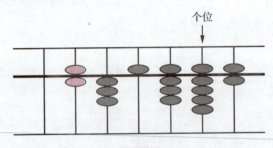

图 8-10

第五步:确定商数。

余数重复上述 4 个步骤,直至乘减完毕,得数即为本道题的商数 68 974。

2. 多位除法

【例 8-7】 34 776÷72=483

第一步:置数。

采用固定个位法时,以 m-n=5-2=3 位为基础确定被除数首位数应拨入的档位,依次布入被除数,把被除数拨上盘(见图 8-11)。

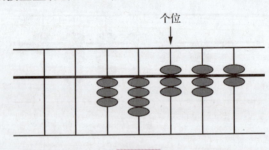

图 8-11

第二步:估商。

用九九口诀逆推估商,看被除数里包含多少个除数(因为是两位数除法,一般看两位不够除再多看一位),被除数前三位 347 包含 4 个 72,故商 4。

第三步:置商。

把估商的数拨上盘:够除,挨位商;不够除本位改作商。

∵ 本题被除数 34 不够除除数 72,
∴ 本位除数首位 3 改作商 4(见图 8-12)。

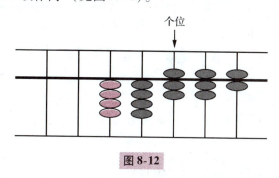

图 8-12

第四步:减积。

从商的后一档减去商×除数的积(4×72 减 288)(见图 8-13)。

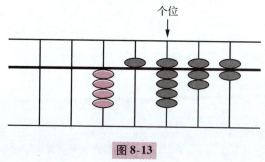

图 8-13

第五步:确定商数。

以下余数 5 976 重复上述 4 个步骤,直至乘减完毕,得数即为本道题的商数 483。

三、省除法

省除法是指在不能整除的除法运算中,按要求省略余数并调整最末位商,使商数保留一定位数(如保留两位小数)的一种除法。因此,省除法下的商数为近似值。

采用固定个位法时,省除法较为简便,因为商数要求保留到哪位,就运算到哪位,然后比较余数与除数的前两位有效数字,若余数的前两位有效数字小于除数前两位有效数字的一半时,则舍去;反之,就在最末位的商数上加 1。运算完成后,盘上数即为商数。

归纳总结

本次任务主要学习了商除法和省除法,商除法要重点把握隔位商除法和不隔位商除法。

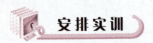 安排实训

技能训练一　客观题训练

一、实训目的

通过下列客观题练习,能够达到会计从业资格考试大纲考试要求。

二、实训要求

在复习教材知识点基础上,独立完成下列客观题。

(一) 单项选择题

1. 省除法是针对(　　)。

   A. 整数除法　　　　　　　　B. 小数除法
   C. 被除数与除数位数较多的除法　　D. 被除数与除数位数较少的除法

2. 珠算除法一般采用(　　)的方法。

   A. 将被除数置到算盘上　　　　B. 将除数置到算盘上
   C. 直接在算盘上拨商　　　　　D. 将被除数与除数同时拨到算盘上

3. 省除法进行取舍是利用(　　)。

   A. 用除数和被除数比较　　　　B. 用被除数与余数比较
   C. 余数和除数比较　　　　　　D. 用已得的商和余数比较

4. 运算后所得出的准确商数是(　　)。

   A. 初商　　　B. 首商　　　C. 确商　　　D. 试商

5. 除法的立商也称为(　　)。

   A. 估商　　　B. 置商　　　C. 改商　　　D. 确商

6. 改商除法又称为(　　)。

   A. 隔位除法　　B. 省除法　　C. 换位除法　　D. 补数除法

7. 商除法又称为(　　)。

   A. 换位除法　　B. 隔位除法　　D. 省除法　　C. 补数除法

(二) 多项选择题

1. 下列算法中是省除法判定四舍五入的方法的是(　　)。

   A. 用被除数同余数比较　　　　B. 用被除数和除数比较
   C. 用余数与除数的一半比较　　D. 用余数加倍后与除数比较

2. 下列算法中属于按照置商的位置进行分类的有(　　)。

   A. 商除法　　B. 隔位除法　　C. 不隔位除法　　D. 补数除法

3. 下列算法是除法基本算法的是(　　)。

   A. 商除法　　B. 改商除法　　C. 补数除法　　D. 倒数除法

（三）判断题

1. 商除法是挨位除法,改商除法是隔位除法。（ ）
2. 省除法选用的定位方法是固定个位法。（ ）
3. 确商是指运算后所得出的准确商。（ ）
4. 省除法在运算中要比精确度要求多算出两位。（ ）

技能训练二 珠算除算技术实训

一、实训目的

掌握珠算商除法和省除法技术方法。

二、训练方法

操作示范、媒体演示、练习。

三、材料用具

算盘、笔、习题等。

四、相关知识

商除法、省除法。

五、操作训练

1. 用商除法完成下列练习

一	3 332 445 ÷ 415 =
二	2 081.54 ÷ 59.2 =
三	398 028 ÷ 809 =
四	83 176 ÷ 296 =
五	4 967 462 ÷ 85.4 =
六	66 975 714 ÷ 738 =
七	40 365 ÷ 207 =
八	14.218 ÷ 4.160 8 =
九	2 753 868 ÷ 3 614 =
十	27.386 ÷ 6.732 =

2. 省除法练习(精确到0.01)

(1) 26 718.96 ÷ 5 904 =
(2) 140.694 1 ÷ 28.361 =
(3) 94.802 ÷ 37.014 =
(4) 1 694.141 ÷ 728.06 =
(5) 2.914 86 ÷ 0.51927 =

(16) 719.148 3 ÷ 27.518 =
(17) 39.148 3 ÷ 27.518 =
(18) 400.918 2 ÷ 316.948 =
(19) 672.802 4 ÷ 500.176 =
(20) 62.041 8 ÷ 23.457 2 =

(6) 67.809 1 ÷ 24.058 =

(7) 726.148 ÷ 536.104 =

(8) 9.287 614 ÷ 8.016 3 =

(9) 7 645.06 ÷ 928.17 =

(10) 600.728 1 ÷ 519.23 =

(11) 678.146 ÷ 92.14 =

(12) 90.031 68 ÷ 41.926 3 =

(13) 178.632 ÷ 70.145 8 =

(14) 902 456 ÷ 514 927 =

(15) 628.904 ÷ 98.042 =

(21) 7.914 906 ÷ 4.518 49 =

(22) 63.148 21 ÷ 5.014 86 =

(23) 214.006 1 ÷ 37.091 4 =

(24) 16.072 81 ÷ 8.024 51 =

(25) 9.148 32 ÷ 7.450 14 =

(26) 319 246.1 ÷ 82 678 =

(27) 728.064 2 ÷ 6.149 2 =

(28) 56.724 56 ÷ 0.891 4 =

(29) 726.384 1 ÷ 9.214 63 =

(30) 10.581 613 ÷ 0.591 47 =

 课外学习指要

1. 会计从业资格辅导教材《珠算》，中国财政经济出版社。
2. 会计从业资格辅导教材《珠算》，经济科学出版社。

任务三　退商与补商

 任务介绍

掌握补商与退商。

 任务分析

1. 掌握补商的运算方法。
2. 掌握退商的运算方法。

相　关　知　识

在被除数一定的情况下，由于对商影响较大的首先是除数的首位数，然后是除数的第二位数，因此，估商时可以运用估商法则。估商法则对大部分算题都能解决，解决不了的，仍需要退商与补商。

任务实施

一、补商

在运算中,估商过小导致被除数减去商与除数的乘积后,余数中含有除数的一倍甚至几倍,这时,有几倍就在商中再补加几,同时在被除数里减去几倍除数。

补商的方法:在原试商档加上少商的数。如在商上补加1就从余数中减去一个除数,若在商上补加2,就从余数中减去2倍除数。

【例8-9】 1 497 144 ÷ 1 749 = 856

第一步:置数。

(1)采用固定个位法时,选一个带有记位点的档为商的个位档。

(2)确定被除数应拨入的档位 m-n-1 = 7-4-1 = 2 位,依次布入被除数(见图8-14)。

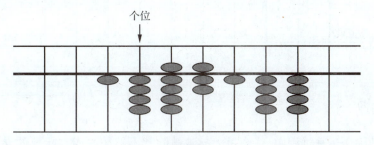

图 8-14

第二步:估商7,余数中仍包含了一个除数1 749(见图8-15)。

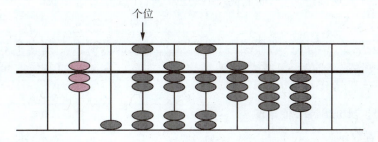

图 8-15

第三步:应补商1(7+1),从2 728中减去一个除数1 749即可(见图8-16)。

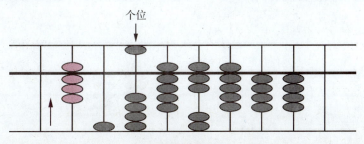

图 8-16

第四步:余数为 97 944,应估商 5,减商 5 和除数 1 749 的乘积 8 745(见图 8-17)。

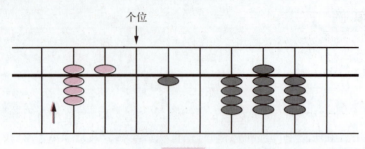

图 8-17

第五步:余数为 10 494,应估商 6,减积 10 494(见图 8-18)。

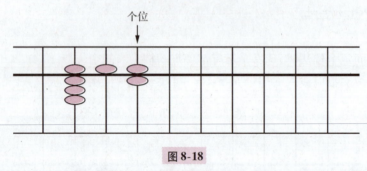

图 8-18

二、退商

在多位数除法运算过程中,估商过大导致被除数不够减去商与除数的乘积时,只能将商改小。如果开始置商就发现不够减乘积,就直接将商改小,直到够减为止。如果置商后已减过乘积后才发现商过大,只能退商,商数退几,就在置商右边相应的档位上,补加该数与除数的乘积。

退商的方法:首先在原试商档减去多商的数。如在商上减去 1,就在余数中加上已乘减过的各位被除数,若在商上减去 2,就在余数中加上已乘减过的各位被除数的 2 倍数("原路返回")。

【例 8-10】 16 284 ÷ 276 = 59

第一步:置数。

(1) 采用固定个位法时,选一个带有记位点的档为商的个位档。

(2) 确定被除数应拨入的档位 m-n-1 = 5-3-1 = 1 位,依次布入被除数(见图 8-19)。

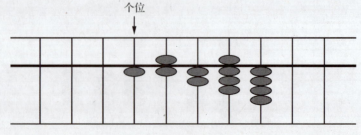

图 8-19

第二步:运算。

(1) 被除数前四位数 1 628 中应包含 5 个 276,商应该为 5,但却估商为 6 大了,因为不够除,所以挨位商,商 6 要置在个位档左边第一档上,估商 6 后,运算中已经减掉了 6 个 27(见图 8-20、图 8-21)。

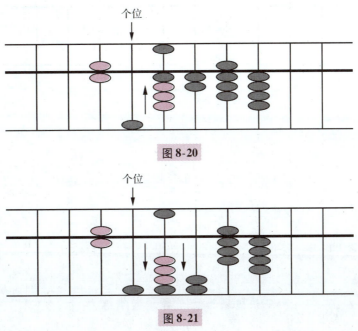

图 8-20

图 8-21

此时盘面出现不够减,说明估商 6 大了。

(2) 退一个商后应加还 1 × 27 = 027,然后再继续乘减 5 × 6 = 30(见图 8-22、图 8-23)。

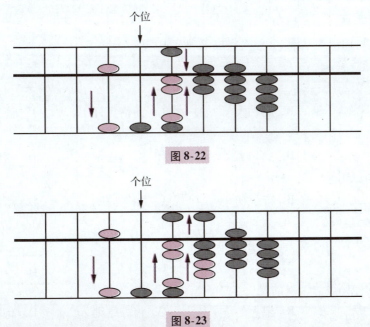

图 8-22

图 8-23

第三步:余数 2 484 继续估商,因为余数前 3 位 248 不够除 276,所以挨位商,因为 2 484

应包含9个276,所以上9(见图8-24)。

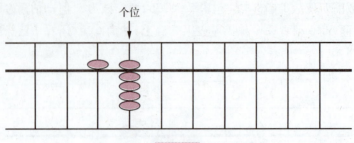

图8-24

退商与补商是试商差误的矫正方法,在训练中要注意试商遵循"宁小勿大"原则,因为补商容易退商难。

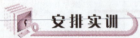

技能训练一 客观题训练

一、实训目的

通过下列客观题练习,能够达到会计从业资格考试大纲考试要求。

二、实训要求

在复习教材知识点基础上,独立完成下列客观题。

(一) 单项选择题

1. 退商是因为( )。

　A. 商估小了　　　B. 商估大了　　　C. 商估正好　　　D. 商估错了

2. 补商是因为( )。

　A. 商估小了　　　B. 商估大了　　　C. 商估正好　　　D. 商估错了

3. 估商的原则是( )。

　A. 宁小勿大　　　B. 宁大勿小　　　C. 相等原则　　　D. 高估原则

(二) 多项选择题

1. 下列属于试商有误差而修正的是( )。

　A. 置商　　　　　B. 补商　　　　　C. 退商　　　　　D. 估商

2. 估商的原则说法错误的是( )。

　A. 宁小勿大　　　B. 宁大勿小　　　C. 相等原则　　　D. 高估原则

（三）判断题

1. 除法运算中,估商过小就需退商。（ ）

2. 在除法运算中,估商过大就需退商。（ ）

3. 调商是指因估商不准而进行的退商或补商来调整商。（ ）

4. 补商与退商时不需要清盘重新置数计算。（ ）

技能训练二 珠算除算技术实训

一、实训目的

掌握珠算退商和补商除法技术方法。

二、训练方法

操作示范、媒体演示、练习。

三、材料用具

算盘、笔、习题等。

四、相关知识

退商、补商。

五、操作训练

运用退商和补商完成下列各题。

一	35 760 ÷ 48 =
二	1.556 ÷ 8.02 =
三	3 237 ÷ 39 =
四	21 850 ÷ 95 =
五	3 900 ÷ 60 =
六	37 050 ÷ 741 =
七	793 ÷ 13 =
八	2 914 ÷ 62 =
九	1.993 3 ÷ 0.24 =
十	52 164 ÷ 567 =

课外学习指要

1. 会计从业资格辅导教材《珠算》,中国财政经济出版社。

2. 会计从业资格辅导教材《珠算》,经济科学出版社。

任务四 除法的简便算法

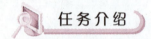

熟悉除法的简便算法。

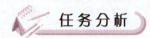

1. 掌握补数除法。
2. 掌握倒数除法。

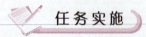

一、补数除法

补数除法是指在除数接近 10 的整数次幂的除法运算中，利用齐数与补数的关系，通过加减除数的补数来减少拨珠次数的一种简便除法。

在补数除法中，每次估定的商数是几，就在被除数相应档位加上该商数与除数补数的乘积（以下用 P 代替）。该乘积 P 视具体情况加入被除数：(1) 被除数不够除时，就在下档加上 P，但如果 P 的位数比补数位数多一位（积首进位），就在本档加上 P；(2) 被除数够除时，就在本档加上 P，但如果 P 的位数比补数位数多一位，就在前档加上 P。

在 P 加入被除数得出的和中，如果本档数字与估定的商相同，这个数字就是商数；如果不同，就需要退商或补商。

（一）补数加除法

补数加除法是指不需要退商的补数除法。其商数的确定有两种情形：(1) 将 P 加入被除数得出的和中，如果本档数字与估定的商相同，这个数字就是商数；(2) 如果本档数字比估定的商大，就继续加补数（即补商），调整使其一致。

当本档数字小于估定的商时，就用补数加减结合除法。

（二）补数加减结合除法

补数加减结合除法是指由于本档数字比估定的商小，需要减去补数（即退商）使其一致的补数除法。

▶▶ 二、倒数除法

在除法运算中,根据除法与乘法互逆的运算性质,可以以乘代除,即某数除以任何不为零的数,均可以乘以其倒数,这种方法叫作倒数除法。

这种方法的优点是:由于有些除数的倒数很容易求出,以乘代除,可以提高计算速度。

本任务主要学习了补数除法和倒数除法,该内容相对简单,在理解的基础上掌握运算方法。

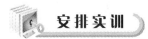

技能训练一 客观题训练

一、实训目的

通过下列客观题练习,能够达到会计从业资格考试大纲考试要求。

二、实训要求

在复习教材知识点基础上,独立完成下列客观题。

(一)单项选择题

够除换位商,不够除本位商是( )算法的置商方法。

A. 商除法　　　　B. 省除法　　　　C. 换位除法　　　　D. 补数除法

(二)多项选择题

1. 下列方法属于除法的简便算法的是( )。

A. 补数除法　　　B. 隔位商除法　　　C. 不隔位商除法　　　D. 倒数除法

2. 下列算法是除法的简便算法的是( )。

A. 改商除法　　　B. 商除法　　　C. 补数除法　　　D. 倒数除法

3. 商出现错误,需要调商,可用下列( )方法。

A. 补商　　　　　B. 退商　　　　　C. 试商　　　　　D. 估商

(三)判断题

1. 补数除法是指在除数接近 10 的整数次幂的除法运算中,利用齐数与补数的关系,通过加减除数的补数来减少拨珠次数的一种简便除法。( )

2. 在除法运算中,根据除法与乘法互逆的运算性质,可以以乘代除,即某数除以任何不为零的数,均可以乘以其倒数,这种方法叫作倒数除法。( )

技能训练二 珠算除算技术实训

一、实训目的

掌握珠算补数除法、倒数除法 技术方法。

二、训练方法

操作示范、媒体演示、练习。

三、材料用具

算盘、笔、习题等。

四、相关知识

补数除法、倒数除法。

五、操作训练

1. 补数除法练习(精确到0.01)

(1) 64.746÷99 =
(2) 9 771.3÷9.9 =
(3) 11 931÷97 =
(4) 4 468.8÷9.8 =
(5) 7 495.5÷9.5 =
(6) 30 816÷96 =
(7) 634.38÷0.97 =
(8) 34 986÷980 =
(9) 55.836÷0.99 =
(10) 615.95÷99.7 =
(11) 8 388.8÷98 =
(12) 93.765÷0.95 =
(13) 324.675÷9.99 =
(14) 12 275.4÷99.8 =
(15) 3 609.14÷997 =

(16) 122.508÷9,96 =
(17) 676.78÷0.998 =
(18) 131.868÷99.9 =
(19) 861.408÷9.97 =
(20) 9 591.8÷99.5 =
(21) 7.487 22÷0.993 =
(22) 631 190÷9 940 =
(23) 7 320.6÷9.96 =
(24) 8.491 592÷0.992 =
(25) 6 292.85÷9.910 =
(26) 6 257.58÷987 =
(27) 8 429.19÷9.79 =
(28) 40.946 4÷0.968 =
(29) 459.42÷98.8 =
(30) 163.326÷9.78 =

2. 运用倒数除法完成下列练习

一	35 760÷48 =
二	1.556÷8.02 =
三	3 237÷39 =
四	21 850÷95 =
五	3 900÷60 =

续表

六	37 050 ÷ 741 =
七	793 ÷ 13 =
八	2 914 ÷ 62 =
九	1.993 3 ÷ 0.24 =
十	52 164 ÷ 567 =

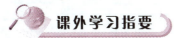

课外学习指要

1. 会计从业资格辅导教材《珠算》,中国财政经济出版社。
2. 会计从业资格辅导教材《珠算》,经济科学出版社。

项目九

珠算差错查找技术

任务一 珠算加减法差错查找方法

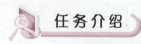

熟悉珠算加减法差错查找方法。

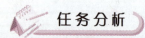

1. 了解复查法和还原查法。
2. 掌握尾数查法。
3. 熟练掌握尾数查法和除九查法。

> **相 关 知 识**
>
> 珠算过程中,常见的错误主要有:(1)用错计算方法;(2)看错数字;(3)错档、错位;(4)拨珠不准;(5)漏记或重记。

任务实施

▶▶ 一、复查法

复查法是指计算完成后,再将原题重新计算一遍或者几遍,直到无误为止的一种错误查找方法。该法同样适用于乘除法差错的查找。

二、还原查法

计算完成后,根据加法与减法互为逆运算的性质,采用减法还原加法,或者采用加法还原减法。

三、尾数查法

计算完成后,用复查法计算出另外一个结果,发现两个得数中其他数都一致,而只有末位数出现差错时,可以单独对末位数进行复核。采用尾数查法可以减少复查的次数,减少查错时间。

四、除二查法

在计算中,有时会将"+"号看成"-"号,或者将"-"号看成"+"号。这样会造成两倍于某数的差数,而这个差数必然是偶数,因此用差数除以2便可以找出错数。检查方法是:计算完成后,用复查法计算出另外一个结果,将两个结果相减,其差数如果是算式数据中某个数的二倍,则这个数在计算中记错了方向,用除二查法可以减少复查的次数,减少查错的时间。

五、除九查法

相邻两个数字颠倒,多算一个"0"或者少算一个"0"等差错,均可用除九法查找。

(1) 相邻两个数字颠倒,其差数一定是"9"的倍数。

计算完成后,用复查法计算出另外一个结果,将两个结果相减,如果差数刚好是9的倍数,则看算式中是否某个数的相邻两个数字被颠倒。

(2) 数字如果多一个"0",其两数之差能被9整除。

计算完成后,用复查法计算出另外一个结果,将两个结果相减,如果差数是9的倍数且商刚好是算式中的某个数(假设为a),则这个数a就是正确的数字。

(3) 数字如果少一个"0",其两数之差能被9整除,同时商数比原数少一个"0"。

计算完成后,用复查法计算出另外一个结果,将两个结果相减,如果差数是9的倍数且商的末尾刚好比算式中的某个数(假设为a)的末尾少一个"0",则这个数a就是正确的数字。

用除九法,可以减少复查的次数,从而减少查错时间。

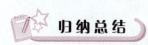
归纳总结

本任务学习了珠算加减法差错查找方法,除二法和除九法是学习的重点。

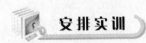

安排实训

技能训练一 客观题训练

一、实训目的

通过下列客观题练习,能够达到会计从业资格考试大纲考试要求。

二、实训要求

在复习教材知识点基础上,独立完成下列客观题。

(一) 单项选择题

1. 尾数查法是针对( )。
   A. 加法运算　　　B. 减法运算　　　C. 乘法运算　　　D. 除法运算
2. 如果在加法运算中,把相邻两个数字颠倒,采用的查错方法是( )。
   A. 尾数查法　　　B. 除二查法　　　C. 除九查法　　　D. 除位法
3. 在加法运算中,多算一个"0"或少算一个"0"的差错用( )法进行差错查找。
   A. 尾数查法　　　B. 除二查法　　　C. 九余数法　　　D. 除九查法
4. 在加减法运算中,把"+"号看成"-"号的差错查找方法是( )。
   A. 除二查法　　　B. 除九查法　　　C. 位数法　　　D. 观察法
5. 下列选项中是检验加减运算中漏算"0"的差错的是( )。
   A. 尾数查法　　　B. 除二查法　　　C. 除九查法　　　D. 还原查法
6. 如果在加法运算中,数字多一个"0"所采用的差错查找方法是( )。
   A. 还原法　　　B. 尾数查法　　　C. 除二查法　　　D. 除九查法

(二) 多项选择题

1. "除二查法"错误查找方法适用于( )。
   A. 将"+"号看成"-"号　　　　　B. 将"-"号看成"+"号
   C. 将"×"号看成"÷"　　　　　D. 将"÷"号看成"×"号
2. 下列选项属于还原查法的检查方法的是( )。
   A. 重新计算一遍
   B. 乘法运算完后,用除法检验
   C. 加法运算完后,用减法检验
   D. 用一目三行运算完后,改用一目两行运算
3. 下列属于除九查法适用范围的有( )。
   A. 相邻两个数字颠倒　　　　　B. 数字多一个"0"
   C. 漏算数字　　　　　　　　　D. 符号看错
4. 适合于加减乘除任何算法的检验方法是( )。
   A. 尾数查法　　　B. 九余数法　　　C. 复查法　　　D. 还原查法

5. 下列选项中可作为加减乘除计算后检验正误的方法的是( )。
   A. 复查法　　　　B. 还原查法　　　C. 变换算法检查法　D. 尾数查法

（三）判断题

1. 复查法是适合加减乘除任何运算的错误查找方法。( )
2. 除法算式中如果数字调换位置或相差刚好是"9"的倍数的错误,应该用九余数法进行错误查找。( )
3. 除九查法是检验加减法运算的。( )
4. 除九查法是检验除法运算的。( )
5. "除二查法"是检验除法运算的。( )
6. "除二查法"是检验加减法运算的。( )
7. "九余数法"是检验乘法运算的。( )
8. "九余数法"是检验除法运算的。( )

  课外学习指要

1. 会计从业资格辅导教材《珠算》,中国财政经济出版社。
2. 会计从业资格辅导教材《珠算》,经济科学出版社。

任务二　珠算乘除法差错查找方法

  任务介绍

熟悉珠算乘除法差错查找方法。

  任务分析

1. 了解还原查法和变换算法检查法。
2. 掌握首尾数查法。

  任务实施

珠算乘除法运算过程中,除采用复查法外,还可采用以下方法来查找和改正错误。

一、还原查法

计算完成后,根据乘法与除法互为逆运算的性质,采用除法还原乘法,或者采用乘法还原除法。

二、变换算法检查法

当一道题计算完成之后,可以改变算法,重新计算一遍。

三、首尾数查法

当一道乘算计算完之后,用被乘数首位数与乘数首位数相乘,其积的首位数如果与积数的首位数接近,原计算结果可能正确;用被乘数尾数与乘数尾数相乘,其积的尾数如果与积数的尾数相等,原计算结果可能正确。

当一道除算计算完之后,用商数首位数与除数首位数相乘,其积的首位数如果与被除数首位数接近,原计算结果可能正确;用商数尾数与除数尾数相乘,其积的尾数如果与被除数的尾数相等,原计算结果可能正确。

需要特别指出的是,每一种差错查找方法都可能无法保证计算结果的绝对正确,并且每种差错查找方法也不是孤立的,有时可能需要结合使用多种差错查找方法。

本任务主要学习了珠算乘除法差错查找方法,首尾数查法是学习的难点。

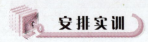

技能训练一 客观题训练

一、实训目的
通过下列客观题练习,能够达到会计从业资格考试大纲考试要求。

二、实训要求
在复习教材知识点基础上,独立完成下列客观题。

（一）单项选择题

1. 错误查找方法观察法是针对(　　)。
   A. 加法运算　　　　B. 减法运算　　　　C. 乘法运算　　　　D. 除法运算
2. 错误查找方法九余数法是针对(　　)。
   A. 加法运算　　　　B. 减法运算　　　　C. 乘法运算　　　　D. 除法运算

3. 在加法运算中相邻两个数字打颠倒所用的差错查找方法是(　　)。
A. 除二查法　　　B. 除九查法　　　C. 尾数查法　　　D. 九余数法
4. 用空盘前乘法计算后,再用破头乘法计算一遍的方法是(　　)。
A. 还原查法　　　B. 除二查法　　　C. 变更算法查法　　　D. 复查法

（二）多项选择题

1. 下列选项中可用于珠算乘法错误查找方法的是(　　)。
A. 复查法　　　B. 还原查法　　　C. "弃九余数"法　　　D. 尾数查法
2. 运用交换律进行验算适合于(　　)。
A. 加法运算　　　B. 减法运算　　　C. 乘法运算　　　D. 除法运算
3. 错误查找的方法观察法包括(　　)。
A. 复查法　　　B. 察位法　　　C. 察头法　　　D. 察尾法
4. 适用于加减乘除任何算法的校验方法是(　　)。
A. 复查法　　　B. 还原查法　　　C. 尾数查法　　　D. 除二查法
5. 下列选项中属于变换算法的检查方法的是(　　)。
A. 用除法还原乘法
B. 用加法还原减法
C. 用空盘前乘法计算完后,再用掉尾乘法计算一遍
D. 用商除法计算完后,再用改商除法计算一遍

（三）判断题

1. 还原查法是利用逆运算性质采用的差错查找方法。(　　)
2. 每一种差错查找方法都可以保证计算结果绝对正确。(　　)

课外学习指要

1. 会计从业资格辅导教材《珠算》,中国财政经济出版社。
2. 会计从业资格辅导教材《珠算》,经济科学出版社。

项目十

技能大赛珠算项目训练

任务一 珠算加减法训练

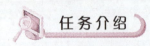

通过本任务学习,掌握技能大赛珠算加减的训练方法。

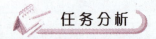

1. 掌握一目三行弃9法。
2. 掌握一目五行弃双九弃双十法。

相 关 知 识

一目多行算法

一目多行算法常用的有一目两行算法、一目三行算法。

（一）一目两行加法

逐位心算两行的同位数之和,并将和数拨上算盘。

（二）一目三行加法

运算方法与一目两行加法基本相同,只是一目三行加法多增加了一行,难度稍大。

心算是学好一目三行珠算法的基础,心算能力的强弱直接影响计算速度。心算方法常见的有以下几种:

1. 顺序算法

按数字的先后顺序计算。

2. 凑十算法

三个数相加,若其中有两个数相加的和恰好是10,就先心算这两个数之和,然后加上另一个数。

3. 三个相同数的算法

用3乘以相同数,即得和数。

4. 两个相同数的算法

用2乘以相同数,再加上另一个数,即得和数。

5. 等差数列的算法

在相加的三个数中,如果它们构成等差数列,用3乘以中数(中位数),即得和数。

6. 接近等差数列的算法

在相加的三个数中,如果其中有某一个数比等差数列的对应数多1或者少1,则用3乘以中数,再加1或者减1,即得和数。

(三) 一目三行加减混合算法

一目三行加减混合算法的计算方法是:正负相抵,余几加几,差几减几,即各行同位数的正负数相抵后,如果是正数,在算盘上加上;如果是负数,在算盘上减去。

【例10-1】 342.18-118.02+562.37=786.53

```
      3 4 2.1 8
    - 1 1 8.0 2
    + 5 6 2.3 7
    ─────────────
              7 ………… 抵后余7
            9 ………… 抵后余9
          -4 ………… 抵后差4
        4 ………… 抵后余4
      13 ………… 抵后余13
    ─────────────
      7 8 6.5 3
```

任务实施

一、一目三行弃9法

一目三行弃9法的计算方法是:前进1,中弃9,尾弃10;前不满9,直加余数;中途多几加几,差几减几;尾不满10,前退1加余数。

运算规则是:"高位算起,前位进一;中位弃九,末位弃十;够弃加余,欠弃减差。"

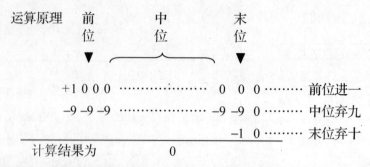

上述结果说明:"高位算起,前位进一;中位弃九。末位弃十。"并不影响计算结果的正确性,其目的是减少拨珠(进位)动作,加快计算速度。

运算规则说明:

(一) 高位算起,前位进一

"高位算起"是指运算时从高位开始,"前位进一"是指在前位上提前进一。

"前位"不一定是最高位,它需在运算中临时确定,一般以题中三笔同位数字之和来确定。当三笔同位数字之和最先满九和超九的那一位的前一位为"前位"。

(二) 中位弃九,末位弃十

"中位"的确定:"前位"之后"末位"之前的档位,称为中位。

"末位"的确定:最后一位(其和必须为非0数)为"末位"。

"中位弃九"指各个中位均减去一个九,不作计算。

"末位弃十"指末位减去一个十,不作计算。

(三) 够弃加余,欠弃减差

"够弃加余"指当三笔阿拉伯数字中有凑9(10)数时,则从题中弃去9(10),余下的数则在相应的档次加上。

"欠弃减差"指当三笔阿拉伯数字之和不满9(10)时,则在相应档次上减去次数与9(10)的差数。

具体运算方法有以下两种:

1. 一目三行弃九加法

此种算法是在连加计算中,按一目三行弃九法计算原理所进行的一种加法计算。

【例 10-2】

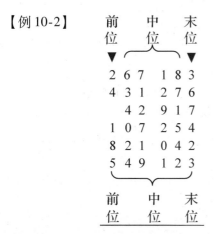

盘示数为 741376（见图 10-1）。

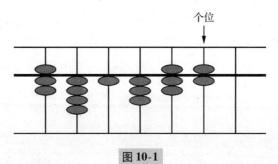

图 10-1

（1）先求前三笔数之和。

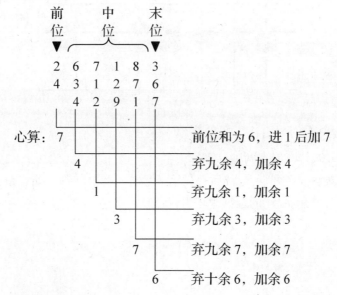

（2）再求后三笔数字之和。

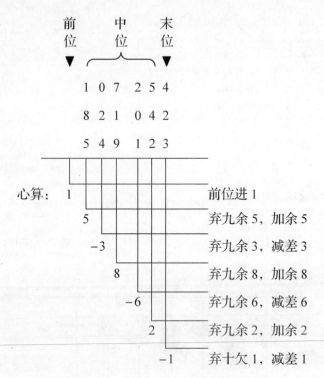

盘示数为 2 218 795（见图 10-2）。

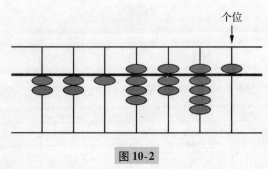

图 10-2

2. 一目三行弃九减法

一目三行弃九减法有以下两种计算方法：

（1）先把被减数拨在算盘上，然后每三笔减数按照"高位算起，前位减一；中位弃九，末位弃十；够弃减余，欠弃加差"的运算规划进行计算。

【例10-3】

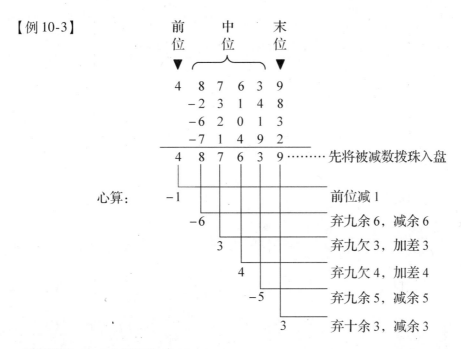

盘示数为 330 986（见图 10-3）。

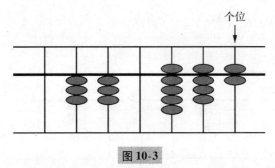

图 10-3

（2）先将被减数的补数拨珠入盘，然后按照前述一目三行弃九加法，将各笔减数加在算盘上，最后盘面数字的补数即为所求结果，若盘示结果位数超过被减数位数，减掉相交的进位数即得所求结果（为负差数）。

【例10-4】

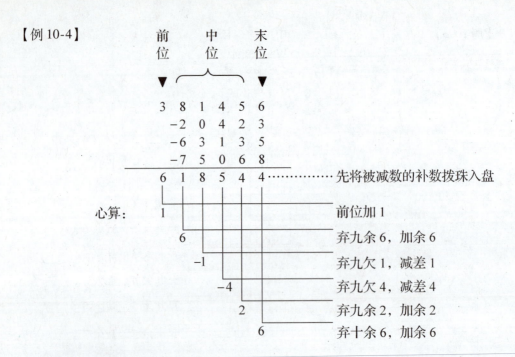

盘示数为777 170(见图10-4)。

222 830………盘示数的补数即为所求结果。

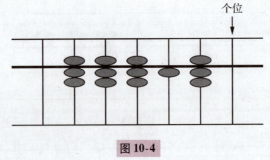

图10-4

一目三行弃9法既可以减少拨珠次数,还可以减少心算量,适合纯加题运算,结合穿梭运算效果更好,是一种提前进位法。

二、一目五行弃双九弃双十法

一目五行弃双九弃双十法也是利用补数原理进行多行计算的一种方法。其运算规则是:"高位算起,前位进二;中位弃双九,末位弃双十;够弃加余,千弃减差。"

【例10-5】

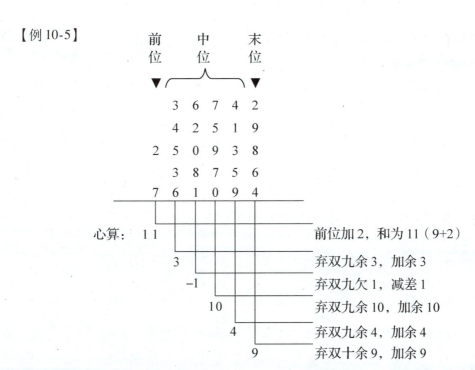

盘示数为1 130 049(见图10-5)。

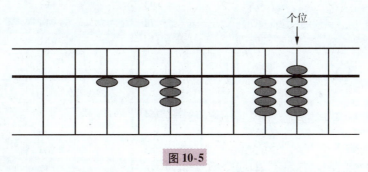

图10-5

归纳总结

一目三行弃9法和一目五行弃双九弃双十法,是提高加减算运算速度的最佳方法,只有在熟练的基础上强化训练,才能取得很好的成绩。

安排实训

技能训练一 一目多行算技术实训

一、实训目的

掌握珠算一目三行直加法和弃九弃十方法。

二、训练方法

操作示范、媒体演示、练习。

三、材料用具

算盘、笔、习题等。

四、相关知识

一目三行直加法、弃九弃十法。

五、操作训练

要求:用一目三行直加法和弃九弃十法完成下列题目。

(一)	(二)	(三)	(四)	(五)
97 548	373	6 473	49 076	926
419	7 029	-719	423	6 351
6 087	83 544	33 054	7 419	30 414
8 654	964	-6 761	765	-735
31 734	8 159	635	8 142	-65 049
375	32 602	-1 926	68 364	29 104
7 627	236	68 309	906	-1 658
22 503	7 318	-693	3 693	-772
491	66 047	472	65 214	221
960	296	-76 156	751	-4 049

(六)	(七)	(八)	(九)	(十)
991	405	80 264	964	8 154
402	77 254	-583	66 329	-132
33 645	3 029	704	2 704	203
7 739	844	-79 416	317	-2 869
486	63 316	3 837	79 474	70 215
42 843	7 264	-746	7 586	-8 158
6 065	775	9 372	606	946
6 192	94 852	64 139	6 587	-21 526
320	9 234	-721	634	5 462
68 654	284	-7 583	30 185	-737

课外学习指要

1. 会计从业资格辅导教材《珠算》,中国财政经济出版社。
2. 会计从业资格辅导教材《珠算》,经济科学出版社。
3. 《会计基本技能》,高等教育出版社。

任务二 珠算乘法训练

任务介绍

通过本任务学习掌握珠算一口清运算法。

任务分析

1. 掌握一口清运算法个位规律。
2. 掌握一口清运算法进位规律。

相 关 知 识

"一口清运算法",是根据乘法九九口诀表中2—9倍乘积的个位和进位规律进行乘法运算的一种速算方法。

1. 个位规律(取九九乘法表中的个位数)

本个体乘数\被乘数	0123456789	个位规律
2	0246802468	自倍取个
3	0369258147	偶补倍,奇补倍±5
4	0482604826	偶补奇凑
5	0505050505	偶0奇5
6	0628406284	偶自身,奇自身±5
7	0741852963	偶自身,奇自身±5
8	0864208642	补自倍取个
9	0987654321	自身补数

上表中:自倍,指从身加倍;取个,指取个位数;补倍,指补数加倍;凑,指凑数,两个一位数之和等于5或15,称互为凑数,共五对,1和4、2和3、5和0、6和9、7和8;±5,经过心算,被乘数变化后要加5或减5,小于5时加5,大于5时减5。

2. 进位规律

乘数	进位规律
2	满5进1
3	满3进1　超6进2
4	满25进1　满5进2　满75进3
5	满2进1　满4进2 满6进3　满8进4　}满偶进半
6	超16进1　超3进2 满5进3　超6进4　满83进5
7	超142 857进1　超285 714进2 超428 571进3　超571 428进4 超714 285进5　超857 142进6
8	满125进1　满25进2 满375进3　满5进4 满625进5　满75进6　满875进7
9	超循环几则进几，即超n进n。1≤n≤8

上表中：满，指"大于"或"等于"；超，指大于；n，指循环n，循环数无论有几位（包括只有一位的），均以循环数后边的异数大小来判断超或不超，超则按进位数进，不超则用进位数减去1再进。

根据乘法规律，多位数乘以一位数时，积的个位数都是由本位乘积的个位数和后位乘积的进位数组成的，这就是"本个"（即本位的个位数）加"后进"（即后位乘积的进位数），满10只取和的个位数，就是积的个位数。

【例5-18】　854×3＝2 562

根据单倍速算法要求，从高位算起，提前进位，千位的2是百位的进位数；百位的5是百位的本个4加十位的进位数；十位的6，是十位的本个5加个位的进位数1；个位的2，是4×3的本个数。

任务实施

现按照难易程度将2—9倍的方法分别介绍如下：

一位数乘以多位数，计算前，在被乘数头位前，补一个"0"，从左向右，高位算起。

（1）2倍的速算法，1—9分别乘以2，乘积分别是：

被乘数	1	2	3	4	5	6	7	8	9
积数	2	4	6	8	10	12	14	16	18

一个数乘以2，就是每个数自身相加的个位数。当5—9乘以2时，都进"1"。进位规

律是:"满5进1"。

【例10-6】 2 538×2=5 076

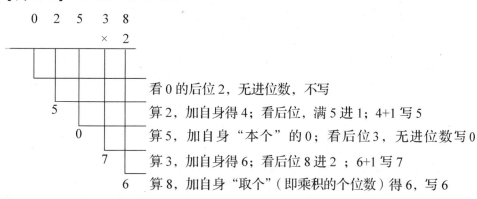

【例10-7】 9 983×2=19 966

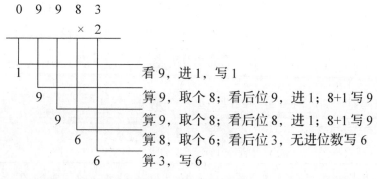

(2) 5倍的速算法。1—9分别乘以5,乘积分别是:

被乘数	1	2	3	4	5	6	7	8	9
积数	5	10	15	20	25	30	35	40	45

单数乘以5,"本个"都是5;双数乘以5,"本个"都是0。所以5的个位律是"单5双0"。5的进位规律是:

2、3乘以5进2;"满2进1";

4、5乘以5进2;"满4进2";

6、7乘以5进3;"满6进3";

8、9乘以5进4;"满8进4";

也可记"双数进半,半数减一进半"。

【例10-8】 264×5=1 320

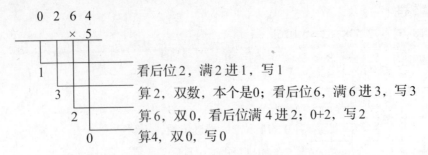

【例10-9】 4 789×5=23 945

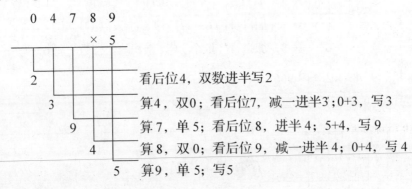

(3) 4倍的速算法。1—0分别乘以4,乘积分别是:

被乘数	1	2	3	4	5	6	7	8	9
积数	4	8	12	16	20	24	28	32	36

从表中积的个位数发现:1、3、5乘以4的积,积的个位数正是被乘数的"凑数";2、4、6、8乘以4的积,积的个位数正是被乘数的"补数";7、9乘以4的积,积的个位数正是被乘数减5的"补数"。所以4倍的个位律是:1、3、5找凑,双数就找补;遇到7、9,减5再找补。4的进位规律(有的要看后两位)是:"满25进1","满75进3"。

【例10-10】 1 279×4=5 116

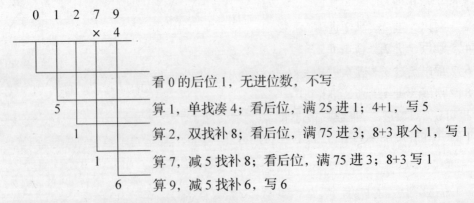

【例10-11】 3 847×4=15 388

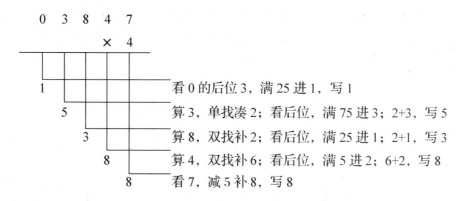

(4) 3 倍的速算法。1—9 分别乘以 3,乘积分别是:

被乘数	1	2	3	4	5	6	7	8	9
积数	3	6	9	12	15	18	21	24	27

3 倍的个位规律可利用乘法口诀直接取积的个位数。

3 倍的进位规律是:"超 3 进 1,超 6 进 2"(3 表示 333……6 表示 666……)。计算时,如果在被乘数的某位后面出现连续几个 3,再看它的后一位,若大于 3,就叫"超 3",应向前进 1;若小于 3,不进。同样,如果在被乘数的某位后面连续出现几个 6,再看后一位,若超过 3(但小于 6),照"超 3 进 1"算;若超过 6,应向前进 2。

【例 10-12】 134×3=402

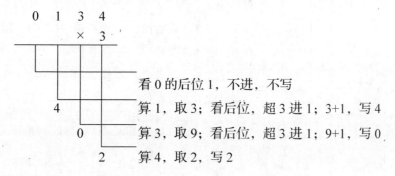

【例 10-13】 267×3=801

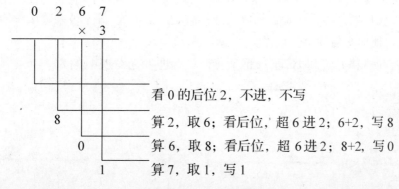

(5) 9 倍的速算法。1—9 分别乘以 9 时,被乘数与积的"本个数"对应关系如下:

被乘数	1	2	3	4	5	6	7	8	9
	:	:	:	:	:	:	:	:	:
积的"本个数"	9	8	7	6	5	4	3	2	1

可见,积的"本个数"正好是被乘数的"补数"。所以9的个位规律是"9全补"。

9倍的进位规律是"超几进几"。

【例10-14】 $345 \times 9 = 3\,105$

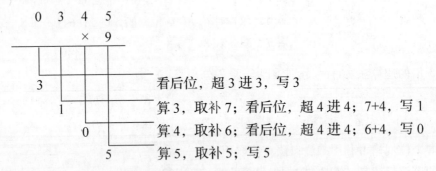

看后位,超3进3,写3

算3,取补7;看后位,超4进4;7+4,写1

算4,取补6;看后位,超4进4;6+4,写0

算5,取补5;写5

【例10-15】 $7\,654 \times 9 = 68\,886$

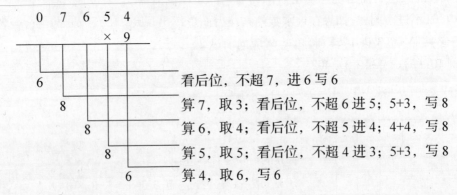

看后位,不超7,进6写6

算7,取3;看后位,不超6进5;5+3,写8

算6,取4;看后位,不超5进4;4+4,写8

算5,取5;看后位,不超4进3;5+3,写8

算4,取6,写6

(6) 6倍的速算法。1—9分别乘以6时,被乘数与积的"本个个数"对应关系如下:

被乘数	1	2	3	4	5	6	7	8	9
	:	:	:	:	:	:	:	:	:
积的"本个数"	6	2	8	4	0	6	2	8	4

可见,双数的"本个数"还是被乘数从身;单数的"本个数"等于被乘数从身再加5(超十的舍十取个),所以6倍的个位规律是:"双不变,单加5"。

6倍的进位规律是:"超16进1,超3进2,满5进3,超6进4,超83进5。"

【例10-16】 $567 \times 6 = 3\,402$

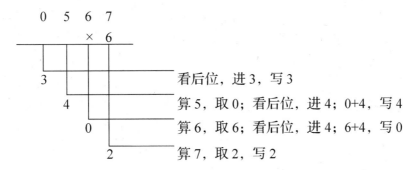

【例10-17】 3 214 × 6 = 19 284

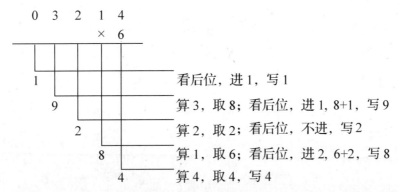

(7) 7倍的速算法。1—9分别乘以7时，被乘数与积的"本个数"对应关系如下：

被乘数	1	2	3	4	5	6	7	8	9
	:	:	:	:	:	:	:	:	:
积的"本个数"	7	4	1	8	5	2	9	6	3

可见，双数乘以7，其积的个位数正好是被乘数自身相加之和的个位数；单数乘以7，其积的个位数是被乘数相加后再加5之和的个位数。所以7倍的个位规律是："双加倍，单加倍，再加5"。7倍的个位规律与3倍的个位规律之间有互逆互补关系（即7倍是741852963，3倍是369258147）。

7倍的进位规律是：超142857进1，超285714进2，超428571进3，超571428进4，超714285进5，超857142进6。

"142857"中，28是14的两倍，57是28的2倍多1。在实际运算中，很少遇到这样循环的数，第七位大于头位才算"超"，小于或等于头位算"不超"。

【例10-18】 151 × 7 = 1 057

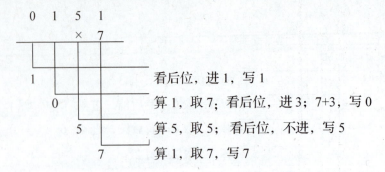

看后位，进1，写1
算1，取7；看后位，进3；7+3，写0
算5，取5；看后位，不进，写5
算1，取7，写7

【例10-19】 4 385×7＝30 695

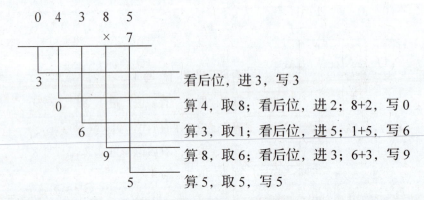

看后位，进3，写3
算4，取8；看后位，进2；8+2，写0
算3，取1；看后位，进5；1+5，写6
算8，取6；看后位，进3；6+3，写9
算5，取5，写5

如果熟练地掌握2—9倍的个位和进位规律，在多位数乘算中，就能边算边得数，逐位脱口得出积数，做到俗称的"一口清"，大大提高运算速度。

现用算盘图式举例说明如下：

【例10-20】 61 842×79 305＝4 904 379 810

采用空盘前乘法，将逐位的乘积通过心算"一口清"拨入算盘相加后，即得所求的积数。

心算逐位拨入算盘：

```
      4 3 2 8 9 4（0 6 1 8 4 2×7）
        5 5 6 5 7 8（0 6 1 8 4 2×9）
          1 8 5 5 2 6（0 6 1 8 4 2×3）
              3 0 9 2 1 0（0 6 1 8 4×5）
      ─────────────────────
      4 9 0 4 3 7 9 8 1 0（见图10-6）
```

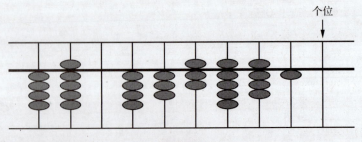

图10-6

公式定位：5 + 5 = 10，则积为 4 904 979 810。

【例 10-21】 305 972 × 26 184 = 8 011 570 848

心算逐位拨入算盘：

```
      0 6 1 1 9 4 4（0 3 0 5 9 7 2 × 2）
    1 8 3 5 8 3 2（0 3 0 5 9 7 2 × 6）
      0 3 0 5 9 7 2（0 3 0 5 9 7 2 × 1）
        2 4 4 7 7 7 6（0 3 0 5 9 7 2 × 8）
          1 2 2 3 8 8 8（0 3 0 5 9 7 2 × 4）
  ─────────────────────────────────────────
    8 0 1 1 5 7 0 8 4 8（见图 10-7）
```

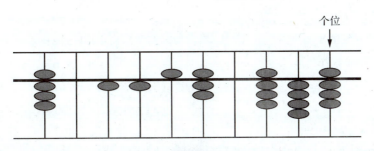

图 10-7

公式定位：6 + 5 - 1 = 10，则积为 8 011 570 848。

如熟练掌握双九九口诀和单倍速算规律，不仅能够大大提高乘法的运算速度，也为除算打下扎实基础，将对除法运算能力的提高有很大好处。

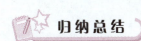

"一口清运算法"是提高技能大赛乘法成绩的很好的方法，但该方法不容易掌握，同时练习也是一个困难的过程，只有在熟练地掌握"一口清运算法"的基础上，乘法成绩才能取得较大的提高。

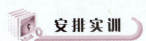

技能训练一 一口清算技术实训

一、实训目的

掌握珠算一口清技术运算方法。

二、训练方法

操作示范、媒体演示、练习。

三、材料用具

算盘、笔、习题等。

四、相关知识

一口清技术方法。

五、操作训练

要求:可用本个加后进一口清,小数题要求保留小数点后两位。

(1) 41.87×73.05 =

(2) 35.43×167.8 =

(3) 5.069×3 254 =

(4) 6 186×4 092 =

(5) 78.34×760.2 =

(6) 2 723×5.068 =

(7) 25.12×94.76 =

(8) 480.6×31.64 =

(9) 9 328×7 105 =

(10) 7 168×7 239 =

(11) 7.587×3 196 =

(12) 480.6×67.32 =

(13) 9 328×7 105 =

(14) 9 466×3 904 =

(15) 8 248×3.763 =

(16) 412.2×46.08 =

(17) 3 324×0.476 5 =

(18) 87.37×820.1 =

(19) 2 659×2 036 =

(20) 450.6×947.8 =

(21) 0.757 4×7 894 =

(22) 6.251×3 086 =

(23) 781.5×27.65 =

(24) 76.23×314.7 =

(25) 434.2×80.69 =

(26) 661.5×2.604 =

(27) 58.37×41.93 =

(28) 7 408×3 315 =

(29) 3.736×789.4 =

(30) 426.1×90.56 =

(31) 518.4×4.372 =

(32) 60.23×179.6 =

(33) 784.5×39.67 =

(34) 9.193×6 206 =

(35) 7 241×7.865 =

(36) 8 632×8.109 =

(37) 42.19×834.8 =

(38) 485.9×30.69 =

(39) 2 073×4 124 =

(40) 216.3×82.95 =

(41) 34.36×718.7 =

(42) 2 802×3 744 =

(43) 7.321×9 468 =

(44) 619.3×60.27 =

(45) 0.454 2×4 174 =

(46) 81.69×74.03 =

(47) 1 724×8.056 =

(48) 7 862×8.14 =

(49) 9.147×3 608 =

(50) 4 219×2 784 =

 课外学习指要

1. 会计从业资格辅导教材《珠算》,中国财政经济出版社。
2. 会计从业资格辅导教材《珠算》,经济科学出版社。
3. 《会计基本技能》,高等教育出版社。

任务三 珠算除法训练

  任务介绍

通过本任务学习掌握一次减积除法。

掌握减积过程的运算。

相 关 知 识

一般珠算除法,在减积时都是商数乘以一位除数后减一次积,如果除数位数较多,则需乘减的次数更多,这样影响运算速度。因此,若利用乘法的一位数乘多位数求积法,将多次乘简化为一次乘减,则可提高计算速度。

任务实施

一次减积除法,用单倍"一口清"方法进行的多位数除法运算,叫一次减积除法,又叫"一口清"除法。方法是,每次估商后用"一口清"得出所求商数与除数的乘积,并将乘积从被除数中减去。这样就把单积叠位累减改成群积一次总减,简化了运算过程,减少了拨珠次数,提高了运算速度。具体运算步骤如下:

(1) 定位和置数。用固定个位档定位法进行定位,把被除数置于相应的档位上。

(2) 估商和置商。用心算估商,并按不隔位商除法的置商原则进行置商。

(3) 减积。用试商与除数相乘,并将所得"一口清"乘积中从被除数中减去。

【例 10-22】 149 344 ÷ 416 = 359

① 置数:新的被除数为(+6)−(+3) = (+3)位,即 149.344 并将其拨入盘中(见图 10-8)。

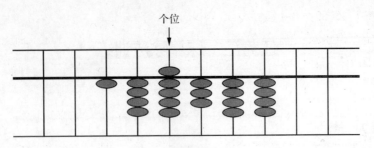

图 10-8

② 求首商:不够除本位改商3,用"一口清"乘法,从3的本档起一次减去3与416的积1 248,余数为24 544(见图10-9)。

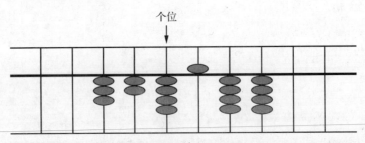

图 10-9

③ 求二商:不够除,本位改商5,用"一口清"乘法,从5的本档起一次减去5与416的积2 080,余数为3 744(见图10-10)。

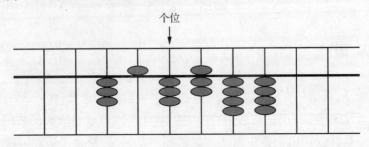

图 10-10

④ 求三商:不够除,本位改商9,用"一口清"乘法,从9的本档起一次减去9与416的积3 744,恰好除尽(见图10-11)。

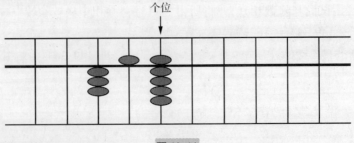

图 10-11

从盘上可以看出,最终商数为359。

【例10-23】 50.374 1÷8.157=6.18

① 用固定个位档定位法,新的被除数为(+2)−(+1)=(+1)位,即5.037 41,将其拨入盘中(见图10-12)。

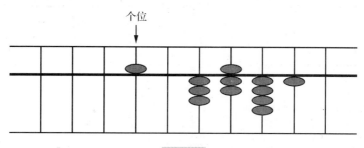

图10-12

② 求首商:不够除本位改商6,用"一口清"乘法,从6的本档起一次减去6与8 157的积48 942,余数为14 321(见图10-13)。

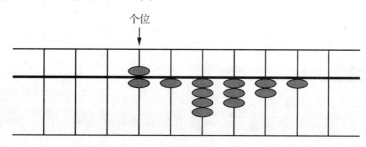

图10-13

③ 求二商:不够除,本位改商1,用"一口清"乘法,从1本档起一次减去1与8 157的积,余数6 164(见图10-14)。

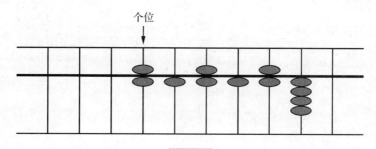

图10-14

④ 求三商:不够除,本位改商7,用"一口清"乘法,从7的本档起一次减去7与8 157的积57 099,余数为4 541(见图10-15)。

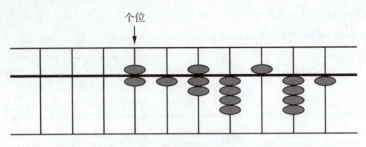

图 10-15

通过分析判断,最终商数为 6.18。

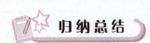

一次减积除法其实是"一口清"乘法在除法中的运用,只有在熟练掌握"一口清"乘法的基础上才能进行除法运算。

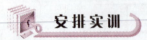

技能训练一 一口清算除算技术实训

一、实训目的

掌握珠算一口清技术除算运算方法。

二、训练方法

操作示范、媒体演示、练习。

三、材料用具

算盘、笔、习题等。

四、相关知识

一口清技术除算方法。

五、操作训练

要求:用单积一口清减积法练习,保留小数点后两位。

(1) 13 780.8 ÷ 5 914 =　　　　　(21) 76.28 ÷ 4.217 =
(2) 1 966 ÷ 74.56 =　　　　　　　(22) 8.167 ÷ 0.835 9 =
(3) 8.143 ÷ 0.128 3 =　　　　　　(23) 4 164 ÷ 92.44 =
(4) 270.9 ÷ 3.214 =　　　　　　　(24) 76.12 ÷ 6.028 =
(5) 105.954 4 ÷ 45.67 =　　　　　(25) 8.505 ÷ 0.279 3 =
(6) 770.9 ÷ 9.138 =　　　　　　　(26) 63.748 8 ÷ 27.36 =

(7) 4 903÷741.9＝   (27) 114.9÷1.802＝
(8) 40.99÷0.748 5＝   (28) 816.6÷30.48＝
(9) 2 138÷32.95＝   (29) 7.305÷0.293 7＝
(10) 404.2÷9.713＝   (30) 77.42÷3.879＝
(11) 4 053÷60.29＝   (31) 2 497÷47.28＝
(12) 612.6÷7.817＝   (32) 6.887÷0.149 7＝
(13) 7 132÷368.2＝   (33) 445.3÷4.945＝
(14) 643.7÷18.78＝   (34) 2 099÷36.38＝
(15) 442.5÷3.567＝   (35) 1 027.4÷4.167＝
(16) 419.5÷8.294＝   (36) 938.1÷65.28＝
(17) 886.16÷402.8＝   (37) 76.28÷6.647＝
(18) 1 014÷26.84＝   (38) 2 021÷94.81＝
(19) 94.57÷1.926＝   (39) 240.7÷9.316＝
(20) 22.33÷0.346 4＝   (40) 2 016÷90.24＝

课外学习指要

1. 会计从业资格辅导教材《珠算》，中国财政经济出版社。
2. 会计从业资格辅导教材《珠算》，经济科学出版社。
3. 《会计基本技能》，高等教育出版社。

任务四　账表算训练

任务介绍

通过本任务学习了解账表算题型，掌握账表算训练方法。

任务分析

1. 了解账表算题型。
2. 掌握账表运算的具体方法。

相关知识

账表算又称表册算,是指把纵栏运算与横行运算合并于一张表格中,用横行和纵栏加减计算,最后求得两个总数相等(俗称"轧平")的运算方法。

账表算广泛应用于会计和统计工作中。现以全国比赛用账表题型为标准作介绍。

1. 账表算的题型

账表算每张表由横5栏纵20行数码组成,即纵向5个算题,横向20个算题。要求纵、横轧平,结出总数。账表中各行数字最少4位、最多8位。纵向每题120个数码,20行,由4位至8位带角分,每题数码0-9均衡出现。

每张账表有4个减号,纵向第四、五题中各有两个,横向分别排列在四个题目中(每题各有一个减号)。所有题目均得正值,不设得负值的题。

账表算的题型如表10-1所示。

表 10-1

题序	(一)	(二)	(三)	(四)	(五)	合计
1	25 136	6 459	1 062 873	845 079	72 931 804	
2	8 469	708 935	87 205 149	30 216	5 263 174	
3	579 304	9 284 301	26 301	76 419 258	6 857	
4	38 712 509	61 257	5 498	-8 307 426	413 906	
5	7 012 468	23 714 068	479 536	9 153	82 059	
…	…	…	…	…	…	
20	4 715	90 512 638	503 624	6 738 409	-798 124	
合计						

2. 账表算积分办法

账表算每张表满分为200分。其中横行20题,每题4分,计80分;纵栏5题每题14分,计70分;纵横轧平再加5分。

账表算准确性非常重要。因为不管是在横行运算中,还是在纵栏运算中,算错一题,就不算轧平。不但150分得不到,还须从150分中减去错题分数。所以应练就扎实的基本功,不但计算快,更要计算准。

任务实施

▶▶ 账表运算的具体方法

账表运算分为横向运算和纵向运算,先分别介绍如下:

1. **横行运算**

横行运算可采用一目一数计算法和一目两数计算法。

(1) 一目一数计算法。

一目一数计算法又分为以下两种：

传统加减法。即从高位至低位，看一数打一数的计算方法。

穿梭法。即先从高位至低位，再从低位至高位的计算方法。

【例10-33】

某行数字：	4 718	36 945	602 813	4 568 017	5 397 468
计算方向：	→	←	→	←	→
盘面数：	4 718	41 663	644 476	5 212 493	30 609 961

(2) 一目两数计算法。

横式一目两数计算法与竖式一目两行计算法相比，难度较大。因为横向两数的同位数是左右排列而不是上下排列的，为防止错位，可用左手中指、食指适当分开，同时指点左右两笔数的下边（最好选择每数的固定位置，如千位），利用左手中指、食指的指点位置，便于确定横向两数的同位数，为进一步采用下述方法奠定基础。

一目两数直加法：可从高位至低位将横向两数的同位数字心算求和，一次拨珠入盘。

【例10-24】

某行数字：	74 958	2 346	670 184	3 654 029	52 073 801
手指位置：	▲	▲	▲	▲	
心算求和：	77 304		4 324 213		
盘面数：	77 304		7 474 884 401		51 756 475 318

一目两数直加法也可采用穿梭法：即先从高位至低位，再从低位至高位拨珠运算，可参照一目一数穿梭法进行。

一目两数抵消法：如果某行有一笔减数，可以用一目两数抵消后的结果直接拨珠入盘。

一目两数弃九弃十法，也可使用，但实际效率不高，不如一目两数直加法和一目两数抵消法运用广泛，不再赘述。

2. **纵栏运算**

账表运算纵栏共5题，其中加算题3个，加减混合题2个。

其运算方法如下：

(1) 一目两行直加法。

(2) 一目两行抵消法。

(3) 一目三行直加法。

(4) 一目三行抵消法。

(5) 一目三行弃九弃十法等。

这些运算方法已在本章第三节珠算、心算加减法中作了介绍，不再赘述。

归纳总结

账表算关键要掌握账表运算的具体方法,要想取得好的成绩,必须要掌握一目多行运算。

安排实训

技能训练一 一口清算技术实训

一、实训目的

掌握珠算账表运算的方法。

二、训练方法

操作示范、媒体演示、练习。

三、材料用具

算盘、笔、习题等。

四、相关知识

账表运算的方法。

五、操作训练

要求:1. 横行运算。

2. 纵栏运算。

3. 求得两个总数相等(俗称"轧平")的运算。

	(一)	(二)	(三)	(四)	(五)	合计
(1)	2 861 579	80 613 742	951 037	49 823	5 604	
(2)	519 043	5 964	84 267 310	2 851 970	83 762	
(3)	87 241 530	37 208	6 291	365 409	4 865 917	
(4)	36 702	195 483	2 965 408	6 517	93 721 408	
(5)	8 694	2 761 950	53 784	84 013 672	295 310	
(6)	76 814 205	9 038	1 945 672	-938 704	36 521	
(7)	9 830	780 394	53 784	6 573 192	62 081 475	
(8)	1 396 257	41 625	1 945 672	71 028 546	-708 943	
(9)	47 365	62 814 507	780 943	1 298	1 396 052	
(10)	809 124	7 953 126	31 852 607	64 503	7 498	
(11)	468 539	4 792 510	14 078	7 362	91 130 286	

续表

	（一）	（二）	（三）	（四）	（五）	合计
(12)	75 213	90 138 276	7 052 814	304 896	5 694	
(13)	6 980	73 410	293 568	94 621 573	4 702 518	
(14)	92 104 768	234 658	5 693	2 587 910	31 074	
(15)	5 023 471	6 589	96 723 014	80 541	283 697	
(16)	392 046	5 172 306	8 749	46 975 108	52 813	
(17)	71 385	804 293	46 507 912	-5 087 623	1 946	
(18)	2 194	17 568	5 028 367	130 492	65 908 374	
(19)	67 594 803	9 214	310 294	76 158	6 523 087	
(20)	8 170 526	40 957 638	18 635	2 349	-174 920	
合计						

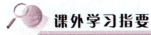 课外学习指要

1. 会计从业资格辅导教材《珠算》，中国财政经济出版社。
2. 会计从业资格辅导教材《珠算》，经济科学出版社。
3. 《会计基本技能》，高等教育出版社。

任务五　传票算训练

 任务介绍

通过本任务学习掌握传票算训练基础知识和训练方法。

 任务分析

1. 传票运算法的基础知识。
2. 传票运算法的练习方法。

相 关 知 识

（一）传票运算法的基础知识

传票运算，简称为传票算，是指在经济核算过程中，对各种单据、发票或凭证进行汇总计算的一种方法，一般采用加减运算。它是加减运算在实际工作中的具体应用。它可以为会计核算、财务分析、统计报表提供及时、准确、可靠的基础数学，是财经工作者的一项基本功，并被列入全国珠算技术比赛的正式项目。

1. 传票的种类和规格

（1）传票种类。传票分为两种：一种是订本式传票，在传票的左上角装订成册，一般在比赛中使用。另一种是活页式传票，在实际工作中，特别在银行业使用较多。

（2）传票规格。比赛用传票一般长19厘米，宽9厘米，60克纸书写，用4号手写体印刷。每面各行数字下加横线，其中二四行为粗线。每本传票100或120页，每页五行数字，每行数字前印有行次，各行数字从1-100页或1-120页，均为550或660字，每笔最高为7位数，最低为四位数全为金额单位。页码一般印在右上角，用阿拉伯数字标明。

表10-2　某页传票

（一）	387 626
（二）	17 065
（三）	624 597
（四）	2 104 938
（五）	48 509 123

2. 比赛题型

传票题每20页同一行为一题，共110字，0-9均衡出现（见表10-3）

表10-3

题序	起止页数	行次	答案
1	19－38	（五）	
2	40－59	（三）	
3	56－75	（四）	
4	79－98	（一）	
5	96－115	（二）	
…	…	…	…

说明：上表中"题序"表示计算顺序，"起止页数"表示某题从哪一页开始计算，至哪页为止。

3. 比赛办法

比赛时采用限时不限量的比赛方法，每题15分。

（二）传票算的基本功

进行传票算运算，除熟练加减法外，还应掌握找页、翻页、数页等基本功。

(1) 传票的摆放位置。为了便于运算，传票应摆放在适当位置，如果使用小型算盘可将传票放在算盘的左上方，贴近算盘，便于看数计算。

(2) 整理传票。传票在运算前，首先要整理传票，即将传票捻成扇形，使每张传票自然松动，不会出现粘在一起的情况。

捻扇形的方法：用两只拇指放在传票封面上，两手的其余四指放在背面，左手捏住传票的左上角，右手拇指放在传票下面。然后，右手拇指向顺时针方向捻动，左手配合右手向反方向用力，轻轻捻动即成扇形，扇形幅度不宜过大，只要把传票封面向下突出，背面向上突出，便于翻页即可。最后用夹子将传票的左上角夹住，使扇形固定，防止错乱。

传票整理好后，还要检查传票是否有错误，如有无缺页、重页、数码不清、错行、装订方向错误等，一经发现，应及时更换传票，待检查无误后，方可计算。

(3) 找页。找页的动作快慢、准确与否，直接影响传票运算的准确和速度。找页是传票运算的基本功之一，必须加强练习。找页的关键是练手感，即摸纸页的厚度，如 10 页、20 页、30 页、50 页等的厚度做到仅凭手的感觉就可一次翻到临近的页码上，然后，再用左手向前或向后调整，迅速翻至要找的页码。

(4) 翻页。传票算要求用左手翻传票，右手打算盘，两手同时进行。翻页的方法是：左手的食指、拇指放在起始页，小指无名指放在传票封面的左下方，中指挡住已翻过的页，食指配合拇指将传票一页一页掀起。翻页与拨珠必须同时进行，票页不宜翻得过高，角度应适宜，以能看清楚数据为准。翻页计算时，可采用一次一页打法，也可采用一次两页或三页打法。

(5) 记页。在传票运算时，为了避免计算过页或计算不够页，应采取记页（数页）的方法。记页，就是在运算中记住终止页，当估计快要运算完该题时，用眼睛的余光扫视传票的页码，以防过页。数页就是边运算边默念已打过的页数，最好每打一页，默念一页，打第一次默念1，打第二次默念2……默念到20时核对该题的起止页数，如无误，立即书写答案。如果采用一目两页打法，每题只数十次，即打前两页时默念1，打次两页时默念2……默念到10时，核对该题的起止页数，如无误，立即书写答案。

(6) 看数与拨珠。在传票运算时，翻页、看数、拨珠、写数要协调进行。看数时，应按小数点或分节号将较长的某行数字分成几部分，以便于识记，并做到打上页最后几位数时，手已翻开下页。书写到上页答案最后几位数时，左手已找到下题起始页，眼看下题数字，同时进行拨珠，这样，动作连贯，边看边打，快速计算。

任务实施

1. 一目一页打法

所谓一目一页打法，就是翻一页打一页。一目一页打法可分为传统打法与来回打法两种。

传统打法,即指每页在拨珠入盘时,都是从左到右(从高位到低位)的顺序依次拨珠入盘,直至运算完毕。

【例10-25】 某题"起止页数"为9-28,"行数"为(五),则运算顺序如下:

第9页第五行数为: 　　　7 532.16
　　　　　　　　　　　　　→
第10页第五行数为: 　　61 475.09
　　　　　　　　　　　　　→
第11页第五行数为: 　　　865.97
　　　　　　　　　　　　　→
第12页第五行数为: 　　　91.3
　　　　　　　　　　　　　→
……　　　　　　　　　　……
第27页第五行数为: 　　　615.93
　　　　　　　　　　　　　→
第28页第五行数为: 　　3 821.67
　　　　　　　　　　　　　→

来回打法,即指某题先从左到右,再从右到左,如此反复多次拨珠入盘,直至运算完毕。

【例10-26】 同上题,运算顺序如下:

第9页第五行数为: 　　　7 532.16
　　　　　　　　　　　　　→
第10页第五行数为: 　　61 475.09
　　　　　　　　　　　　　←
第11页第五行数为: 　　　865.97
　　　　　　　　　　　　　→
第12页第五行数为: 　　　91.38
　　　　　　　　　　　　　→
……　　　　　　　　　　……
第27页第五行数为: 　　　615.93
　　　　　　　　　　　　　→
第28页第五行数为: 　　3 821.67
　　　　　　　　　　　　　←

2. 一目三页打法

一目三页打法,指将传票的三页有关数字心算和一次拨珠入盘。

其翻页方法是:

(1) 将小指、无名指放在传票封面的左端。

(2) 拇指将起始页前的所有票页一次或分次翻过,用无名指和中指夹住,中指此时在起始页上,然后用拇指掀起上页用食指挑住,拇指再掀起中页,露出下页使眼睛能迅速看清三页有关行次的数字(不能同时看清时,可稍动一下拇指、食指或中指),然后采用一目三页"直加法"或"弃九弃十法"心算求和,一次拨珠入盘。

(3)当和数的最末二位数即将拨珠入盘时,拇指迅速翻过前三页,中指挡(夹)住,拇指翻起下一个三页的上页,用食指挑住,与中指夹住继续运算,拇指再掀起中页,露出下页,如此一目三页的进行下去,直至运算到末页为止。

传票运算要求眼、手、脑并用,协调性强,应加强练习,分步进行。

第一,先练习计算第五行数字,因为第五行数字在传票的最下方,便于看数、记数,不易出错,待第五行数字的计算到达一定熟练程度后,计算的行次再逐步上移。

第二,一目两页、一目三页打法,翻页、心算难度大,可先练翻页,注意左手各指动作应协调配合,幅度适当,切实到位。再练心算,可单独练习翻页心算,不进行拨珠运算,待一目两页、一目三页翻页熟练,心算适应后,可进行实际拨珠训练。

目前国内选手一般采用一目两页或一目三页打法。一目两页或一目三页打法也可采用来回运算法,具体运算可参照一目一页来回打法进行,不再赘述。

传票运算法在掌握基础知识基础上,重点把握一目三页打法。

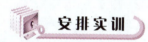

技能训练一 传票算技术实训

一、实训目的

掌握珠算传票运算的方法。

二、训练方法

操作示范、媒体演示、练习。

三、材料用具

算盘、笔、传票等。

四、相关知识

传票运算的方法。

五、操作训练

要求:对照下表要求进行传票运算。

题序	起止页数	行次	答案	题序	起止页数	行次	答案
1	4-23	(五)		16	7-26	(四)	
2	24-43	(二)		17	27-46	(五)	
3	44-63	(四)		18	47-66	(一)	
4	64-83	(一)		19	67-86	(二)	
5	79-98	(三)		20	77-96	(三)	
6	4-23	(三)		21	18-37	(三)	
7	34-53	(四)		22	38-57	(二)	
8	54-73	(一)		23	58-77	(四)	
9	74-93	(五)		24	78-97	(一)	
10	79-98	(二)		25	18-37	(五)	
11	9-28	(二)		26	35-54	(一)	
12	29-48	(三)		27	55-74	(五)	
13	49-68	(四)		28	75-94	(二)	
14	79-28	(五)		29	15-34	(四)	
15	9-28	(一)		30	35-54	(三)	

课外学习指要

1. 会计从业资格辅导教材《珠算》,中国财政经济出版社。
2. 会计从业资格辅导教材《珠算》,经济科学出版社。
3. 《会计基本技能》,高等教育出版社。

附录一　从业资格珠算模拟试卷

（一）珠算考试客观题模拟试卷

（客观题考试时间为20分钟）

一、单项选择题(本题型共10题，每题1分，共10分。每题只有一个正确答案，请从每题的备选答案中选出一个你认为正确的答案)

1. 联合国教科文组织宣布"中国珠算项目"列入"人类非物质文化遗产名录"的日期是（　　）。
   A. 2008年6月　　　B. 1979年10月　　　C. 1991年3月　　　D. 2013年12月
2. "一学两会"是指（　　）同时学会。
   A. 加减法　　　B. 乘除法　　　C. 加乘法　　　D. 减除法
3. （　　）不拨因数，直接在盘上拨积。
   A. 破头乘法　　　B. 空盘前乘法　　　C. 省乘法　　　D. 掉尾乘法
4. 省除法是针对（　　）。
   A. 整数除法
   B. 小数除法
   C. 被除数与除数位数较多的除法
   D. 被除数与除数位数较少的除法
5. 尾数查法是针对（　　）。
   A. 加法运算　　　B. 减法运算　　　C. 乘法运算　　　D. 除法运算
6. 二元示数是指（　　）。
   A. 互为补数的数
   B. 互为凑数的数
   C. 梁珠和框珠分别表示的数
   D. 加数和被加数
7. 一目二行弃九法是指（　　）。
   A. 加法运算　　　B. 减法运算　　　C. 乘法运算　　　D. 加减混合
8. 省乘法是针对（　　）。
   A. 小数乘法
   B. 因数位数较多的乘法
   C. 整数乘法
   D. 因数位数较少的乘法
9. 珠算除法一般采用（　　）的方法。
   A. 将被除数置到算盘上
   B. 将除数置到算盘上
   C. 直接在算盘上拨商
   D. 将被除数与除数同时拨到算盘上

10. 如果在加法运算中,把相邻两个数字颠倒,采用的查错方法是(　　)。
   A. 尾数查法　　　　B. 除二查法　　　　C. 除九查法　　　　D. 察位法

二、多项选择题(本题型共 10 题,每题 1 分,共 10 分。每题有二个以上正确答案,请从每题的备选答案中选出你认为正确的答案)

1. 下列方法属于除法的简便算法是(　　)。
   A. 补数除法　　　　B. 隔位商除法　　　C. 不隔位商除法　　D. 倒数除法
2. 珠算乘法错误查找可用(　　)。
   A. 复查法　　　　　B. 还原查法　　　　C."弃九余数"法　　D. 尾数查法
3. 下列(　　)互为凑数。
   A. 4 与 6　　　　　B. 2 与 8　　　　　C. 2 与 3　　　　　D. 4 与 1
4. 下列哪些算式运用的是破五减(　　)。
   A. 11 − 3　　　　　B. 16 − 3　　　　　C. 15 − 9　　　　　D. 15 − 4
5. 下列数的位数是负 2 位的是(　　)。
   A. 32.005　　　　　B. 1.004　　　　　C. 0.002 5　　　　D. 0.004 07
6. 用公式定位法判定商的位数整数的算式是(　　)。
   A. 8 881 ÷ 107　　B. 5 125 ÷ 41　　　C. 5 220 ÷ 75　　　D. 24 726 ÷ 26
7. "除二查法"错误查找方法适用于(　　)。
   A. 将"+"号看成"-"号　　　　　　　　B. 将"-"号看成"+"号
   C. 将"×"号看成"÷"　　　　　　　　　D. 将"÷"号看成"×"号
8. 下列(　　)算式可用扭退指法。
   A. 11 − 6　　　　　B. 10 − 6　　　　　C. 13 − 9　　　　　D. 15 − 8
9. 下列(　　)算式运用的是直接加。
   A. 32 + 57　　　　B. 17 + 2　　　　　C. 23 + 4　　　　　D. 15 + 3
10. 下列数的位数是 0 位的是(　　)。
    A. 0.032　　　　　B. 0.415　　　　　C. 0.600 7　　　　D. 0.9

三、判断题(本题型共 10 题,每题 1 分,共 10 分。请你判断正确与错误)

1. 明代程大卫的著作是《算学宝鉴》。(　　)
2. 一目三行弃九法的弃九是遇有九,就舍掉的意思。(　　)
3. 破头乘法是两个因数都不拨入盘内,直接在盘上拨积的方法。(　　)
4. 商除法是挨位除法,改商除法是隔位除法。(　　)
5. 复查法是适合加减乘除任何运算的错误查找方法。(　　)
6. 世界珠算日(节)的日期是每年 8 月 8 日。(　　)
7. 倒减法的含义是连减时,先减最后一个减数。(　　)
8. 固定个位法是算后定位法。(　　)
9. 省除法选用的定位方法是固定个位法。(　　)
10. 还原查法是利用逆运算性质采用的差错查找方法。(　　)

（二）珠算实务操作题模拟试题

（实务操作题考试时间为40分钟）

一、加减算（本题型共10题，每题2分，共20分）

一	二	三	四	五
231 094	6 509	3 405	586	521
3 904	942	36 508	5 601	55 106
785	1 078	297	70 924	90 378
50 162	706 385	741	-483	-824
678	204 317	60 281	173	679
9 034	5 021	907 652	924	617
4 086	20 143	362	651	-10 567
715	679	1 804	-7 308	439 028
52 309	589	9 705	9 204	-3 408
876	348	143 897	-1 607	4 905
1 584	456	971	3 286	513 284
927 863	138	8 534	-471	-7 469
2 154	6 729	261	302 895	328
723	73 218	283	93 457	-7 593
691	4 956	5 649	-286 195	162
六	七	八	九	十
871	7 058	514	1 307	368
9 403	214	8 029	-529	-325
625	963	763	4 068	7 104
298	495	3 074	634	2 516
3 076	8 102	198	-587	-309
561	736	625	219	847
234	1 029	2 095	9 805	-293
4 081	648	437	763	7 051
759	375	681	-1 042	648
183	417	8 507	-276	165

续表

5 209	9 035	316	435	-4 608
647	826	942	-819	937
308	957	6 104	1 204	-162
146	708	189	938	7 089
9 728	2346	352	572	345

二、乘算(本题型共10题,每题2分,共20分)

一	906 × 32 =
二	61 × 281 =
三	0.523 × 4.05 =
四	84 × 703 =
五	598 × 94 =
六	0.750 4 × 0.76 =
七	19 × 8 045 =
八	273 × 59 =
九	302 × 168 =
十	47 × 679 =

三、除算(本题型共10题,每题2分,共20分)

一	580.04 ÷ 96 =
二	3 572 ÷ 47 =
三	285 ÷ 19 =
四	3 655 ÷ 85 =
五	6 887 ÷ 71 =
六	2.962 6 ÷ 0.58 =
七	4 650 ÷ 62 =
八	24 016 ÷ 304 =
九	57 892 ÷ 70 =
十	5 075 ÷ 203 =

附录二 珠算技术鉴定模拟试卷

全国珠算等级五级考试试题（一）

加减算 限时20分钟

（一）	（二）	（三）	（四）	（五）	乘　算 (保留两位小数)	
231 094	6 509	3 405	586	521	一	906×32 =
3 904	942	36 508	5 601	5 5106	二	61×281 =
785	1 078	297	70 924	90 378	三	0.523×4.05 =
50 162	706 385	741	−483	−824	四	84×703 =
678	204 317	60 281	173	679	五	598×94 =
9 034	5 021	907 652	924	617	六	0.750 4×0.76 =
4 086	20 143	362	651	−10 567	七	47×679 =
715	679	1 804	−7 308	439 028	八	273×59 =
52 309	589	9 705	9 204	−3 408	九	302×168 =
876	348	143 897	−1 607	4 905	十	19×8 045 =
1 584	456	971	3 286	513 284		
927 863	138	8 534	−471	−7 469		
2 154	6 729	261	302 895	328		
723	73 218	283	93 457	−7 593		
691	4 956	5 649	−286 195	162		

（六）	（七）	（八）	（九）	（十）	除　算 (保留两位小数)	
871	7 058	514	1 307	368	一	580.04÷96 =
9 403	214	8 029	−529	−325	二	3 572÷47 =
625	963	763	4 068	7 104	三	285÷19 =
298	495	3 074	634	2 516	四	3 655÷85 =
3 076	8 102	198	−587	−309	五	6 887÷71 =
561	736	625	219	847	六	2.962 6÷0.58 =
234	1 029	2 095	9 805	−293	七	4 650÷62 =
4 081	648	437	763	7 051	八	24 016÷304 =
759	375	681	−1 042	648	九	5 075÷203 =
183	417	8 507	−276	165	十	57 892÷70 =
5 209	9 035	316	435	−4 608		
647	826	942	−819	937		
308	957	6 104	1 204	−162		
146	708	189	938	7 089		
9 728	2346	352	572	345		

全国珠算等级四级考试试题(一)

加减算　　　　　　　　　　　　　　　　　　　　限时 20 分钟

(一)	(二)	(三)	(四)	(五)		乘　算 (保留两位小数)
872	245	9 701	193	1 804	一	7 015 × 19 =
627 615	492	352	951 247	325	二	6 928 × 482 =
686	8 503	635	708	283 492	三	82 × 6 107 =
170	204 234	264 193	8 529	571	四	57.01 × 0.83 =
6 351	901	721	108	637 192	五	649 × 274.=
903 019	9 573	4 627	429 102	−845	六	402 × 5 163 =
302	765 237	859	537	−637	七	16 × 9 408 =
124	615	351 432	6 452	952 901	八	53.79 × 0.37 =
351 546	362	725	−416	346	九	24 × 7 509 =
893	214	795 307	543 852	−7 481	十	8 096 × 42 =
57 082	317 328	391	−2 946	729		
543	3 274	406	602	231 017		
367	618	608	531	2 309		
862 019	1 496	686 149	1 403	−213		
743	405	237	8 903	7 908		

(六)	(七)	(八)	(九)	(十)		除　算 (保留两位小数)
803	384	11 047	87 083	753 461	一	736 791 ÷ 807 =
86 194	394 672	816	−196	−307	二	6.309 11 ÷ 0.73 =
275	895	542	245	168	三	91 168 ÷ 154 =
32 649	607	429	75 638	44 653	四	45 975 ÷ 75 =
206	5 981	588 053	−164	−208	五	259 616 ÷ 608 =
430	76 102	8 015	−196	375 416	六	39 445 ÷ 49 =
251	369	589	304	359	七	3 354.15 ÷ 37.2 =
605 249	421	162	803 258	−683	八	198 927 ÷ 961 =
785	701 564	973 689	−372	368	九	40 236 ÷ 479 =
6 427	839	802	908	522 165	十	2 044 ÷ 28 =
9 014 638	9 017	3 472	−291	8307		
156	325	257	403	−691		
702	536	535 703	563 582	254		
541	201 394	319	−273	656 583		
43 875	701	704	908	461		

全国珠算等级四级考试试题(二)

加减算　　　　　　　　　　　　　　　　　　　　　　限时 20 分钟

(一)	(二)	(三)	(四)	(五)		乘　算 (保留两位小数)
672 149	768	10 396	783 251	237 695	一	6 041 × 915 =
30 528	915 473	459 827	546	−80 174		
435	60 852	213	−40 639	981	二	0.14 × 0.684 9 =
819	8 047	5 649	921	1 069		
2 086	638	702	8 349	−243	三	43 × 5 291 =
7 238	921	804 231	3 097	851		
94 371	4 589	570	−15 482	−6 712	四	5.19 × 4.572 =
5 014	1 295	687	6 025	3 427		
395	409 786	9 064	−798	602 918	五	9 203 × 17 =
687	307	5 916	416	−509		
1 256	130	72 158	−2 367	350	六	68 × 9 360 =
7 862	243	3 082	8 973	465		
904	1 562	173	207 564	7 042	七	3 072 × 26 =
106 453	5 029	465	−105	3 784		
790	37 614	8 934	810	−59 836	八	756 × 803 =
					九	895 × 708 =
					十	2 768 × 34 =
(六)	(七)	(八)	(九)	(十)		除　算 (保留两位小数)
147 256	973	20 768	369 478	714 823	一	18 724 ÷ 62 =
30 879	582 691	936 145	751	−90 546		
538	70 324	427	−50 192	295	二	2 912 ÷ 208 =
4 917	461	7 014	6 239	683		
605	8 274	257	403 715	4 067	三	7 402.840 ÷ 931 =
201 583	2 045	983	−807	1 496		
460	19 786	1 679	680	−32 918	四	288 712 ÷ 604 =
8 025	8 452	815	1 047	1 674		
368	605 937	6 089	−326	807 259	五	5.219 05 ÷ 1.98 =
194	109	3 628	581	−302		
2 781	810	54 231	−4 913	130	六	14 220 ÷ 36 =
926	3 069	3 896	248	5 082		
7 091	713	504	6 952	−761	七	47 088 ÷ 872 =
4 739	548	109 472	9 023	935		
65 342	6 235	350	−87 564	−8 457	八	432 936 ÷ 504 =
					九	43 844 ÷ 452 =
					十	46 878 ÷ 78 =

附录三 职业院校财经技能大赛比赛办法与规则

2015年江苏省职业学校技能大赛财经商贸类财会专业暨江苏省第三十一届珠算技术比赛实施方案

一、竞赛项目及内容

（一）竞赛项目

本次竞赛设会计实务和珠算两个竞赛项目，每个竞赛项目分中职学生组、高职学生组和教师组三个组别。会计实务项目的内容为手工账务处理和点钞，珠算项目的内容为珠算和手工账务处理，均为个人竞赛项目。

（二）竞赛内容及要求

1. 点钞

点钞技能比赛采用单指单张点钞指法，统一使用面值为壹佰元的练功券。采用限时不限量，统一计时和报时的方法进行比赛。比赛由大会准备点钞练功券、捆钞腰条，个人自带圆珠笔、海绵缸、印泥、个人名章等物品。每场比赛设置0-10个差错，在规定的时间内，选手完成拆把、点数、挑错、扎把、盖章5道工序。

2. 珠算

珠算竞赛按照《江苏省珠算、珠算式心算能力比赛办法》规定的内容、程序和方法进行。

二、竞赛时间

（一）点钞

每组每场均为5分钟（比赛分批进行，每批次约50人，原则上场次间隔时间约30分钟）。

（二）珠算

每个单项10分钟，共计50分钟。

三、竞赛命题及裁判

（一）竞赛命题

大赛命题组负责大赛命题工作。命题工作要求提前半个月完成，命题内容包含竞赛题、标准答案和评分标准。竞赛时，从多份竞赛试题中随机抽取1份作为正式竞赛题。

（二）裁判

大赛裁判组由会计手工账务处理、点钞及珠算三个方面的相关专家组成。大赛裁判工作按照公开、公平、公正、客观的原则进行，其中点钞裁判员还应按照下列要求执行：

1. 裁判员应提前40分钟进入赛场，参与现场设错和熟悉比赛规则。
2. 裁判员应忠于职守、认真监赛。监赛时不得随意走动，不得在赛场内吸烟或大声谈话。
3. 裁判员应引导选手凭参赛证、身份证件进入赛场。裁判员在开赛前逐一检查本赛场的每一位选手的身份证件、参赛证是否齐全。
4. 开赛前，裁判员检查选手填写的《单指单张点钞技术评分表》上方的有关信息是否正确、齐全。
5. 开赛后，裁判员应认真监督选手是否按规程操作，并在《单指单张点钞技术评分表》上作相应记录。
6. 裁判员应将缺赛人员的姓名在《赛场记录表》中登记。
7. 开赛前10分钟，裁判员应向选手宣读《比赛规则》，并提醒选手在成绩表上规定的位置用圆珠笔填写清楚姓名、参赛证号和代表队名称。
8. 选手有作弊行为时，裁判员应及时查清，并在选手右前方用手指敲击桌面方式通知选手有作弊行为，并在《单指单张点钞技术评分表》相关位置用打"V"作记录（或文字记录）。
9. 比赛判分完毕，裁判员应立即清点本场所收评分表份数，与参赛人数核对正确后，由指定人员进行确认交裁判员。

四、竞赛场地及相关人员

（一）场地

1. 教室：一人一桌。
2. 服务设备：饮水机6台。
3. 应急车辆：2辆。

（二）相关人员

1. 竞赛裁判、工作人员：20名。
2. 管理人员：2名。
3. 设备维护及电力管理人员：1名。
4. 后勤保障人员：4名。
5. 保安人员：6名。
6. 医护人员：1名。

五、竞赛规则及注意事项

（一）竞赛基本规则

1. 选手必须持本人身份证、学生证并携（佩）带统一签发的参赛证参加竞赛。

2. 选手不得携带与竞赛无关的用品、用具入场，赛场所有人员必须将手机等通信工具关闭。

3. 选手应当按照要求在指定位置准确填写代表队名称、选手姓名、性别和大会统一制作参赛证号码等有关信息。

4. 选手在竞赛过程中不得擅自离开赛场，如有特殊情况，需经裁判员同意后作特殊处理。

5. 选手必须服从裁判长和裁判员的统一指挥，不得有违规行为，不得在赛场与裁判员争论吵闹，违者取消比赛资格。

6. 选手在竞赛过程中，如遇问题需举手向裁判员提问（珠算除外），选手之间互相询问按作弊行为处理。

7. 在竞赛规定时间结束时应立即停止操作，不得以任何理由拖延竞赛时间。如果选手提前结束竞赛，也不得以任何理由再续赛。

8. 各类赛务人员必须统一佩戴相应证件，着装整齐。

9. 各赛场除现场裁判员等工作人员以外，媒体等其他任何人员未经赛点领导小组允许不得进入赛场，不得影响竞赛进行。

（二）竞赛具体规则及注意事项

1. 手工点钞

① 选手在比赛开始前20分钟凭本人参赛证、身份证件进入赛场，对号入座；将参赛证和身份证件放置在课桌右上角，以便裁判员核查。

② 选手自带圆珠笔、个人名章、海绵缸、印泥等比赛用具。

③ 选手必须按顺序点钞，不得有跳张、摔把等作弊行为，凡作弊者，成绩作零分处理。

④ 比赛前宣读比赛规则，并预留3分钟给选手整理核对比赛用钞把（核对点钞把顺序号正确与否）。

⑤ 点钞比赛设错方式：净场后现场设错。

⑥ 比赛时，选手听到裁判长发出的"预备"口令时，选手可拿起点钞把，听到"开始"口令后选手开始点钞。

⑦ 比赛报时：在比赛结束前30秒由负责计时的裁判员宣布"倒计时30秒"，最后10秒钟开始读秒，当选手听到"时间到"的口令后，立即停止手中一切操作，起立后在原位等待裁判员评判分。

⑧ 点钞评分表由裁判员评判分后由裁判员和选手在《单指单张点钞技术评分表》下方的签名处各自签字。

评判分出现异议时，选手不得与裁判员争执，应通过领队与总裁判长现场解决。

⑨ 点钞比赛必须拆去原把腰条。发现错把时,在新腰条上用"＋X"或"－X"表示多张或少张数,并将原把腰条扎在新腰条下面或夹在已点把中(保留的原腰条必须能看出原编的序号)。

⑩ 已点钞把的放置方法:应将正确把与差错把分别放置。

2. **珠算**

按照《江苏省珠算、珠算式心算能力比赛办法》中的竞赛规则执行。

六、成绩评定

(一) 成绩比例

参赛选手的个人成绩分别按珠算70%、手工账务30%加总计算。

(二) 评分标准

1. **点钞**(参见《单指单张点钞技术评分表》)

(1) 不计成绩

① 未能挑出差错或误挑差错3把以上(不含3把);

② 未按原把顺序点钞;

③ 未使用规定点钞指法点钞;

④ 使用滚轮章、手指章;

⑤ 提前将新腰条盖好个人名章及其他作弊行为;

⑥ 漏拆原腰条。

(2) 扣计成绩

① 扎把不紧,能自然抽张,每把扣计10张;

② 扎把露头5毫米以上,每把扣计10张;

③ 漏盖名章、盖章不清,每把扣计10张;

④ 已点差错把未夹原腰条,每把扣计100张;

⑤ 已点券扎把后发生散把(包括腰条扣散开的)每把扣计100张;

⑥ 整把点错张数3把以内者(含3把),该把不计成绩,每把再倒扣100张;

⑦ 尾零张计数:由参加比赛人自行决定尾零张是否纳入点钞成绩计数。如纳入,正确时按实际点钞张数计数,错误时已点尾零张不计成绩,再倒扣自报已点张数;

⑧ 实际点钞成绩等于已点整把张数,加计自报已点尾零张数,减计应扣计张数。

单指单张点钞技术评分表

代表队名称：	姓名：	性别：
身份证号：	参赛证号：	

不计成绩	1. 未能挑出差错或误挑差错 3 把以上（不含 3 把）			
	2. 未按原把顺序点钞			
	3. 未使用规定点钞指法点钞			
	4. 使用滚轮章、手指章			
	5. 考核前将新腰条盖好个人名章及其他作弊行为			
	6. 漏拆原腰条			
扣计成绩	1. 扎把不紧，能自然抽张：	10 ×	=	
	2. 扎把露头 5 毫米以上：	10 ×	=	
	3. 漏盖名章、盖章不清	10 ×	=	
扣计成绩	4. 已点差错把未夹原腰条：	100 ×	=	
	5. 已点券扎把后发生散把（包括腰条扣散开的）：	100 ×	=	
	6. 整把点错张数 3 把以内（含 3 把），该把不计成绩，再倒扣 100 张。	200 ×	=	
	7. 尾零扣计数：自报数 ×2 =			
计算分值	实际点钞： 把（张）；自报尾零 张；减扣计 张			
总计得分				

执行裁判员签名： 选手签名：

2. 珠算

按照《江苏省珠算、珠算式心算能力比赛办法》中的评分标准及办法执行。

七、申诉与仲裁

（一）参赛选手对不符合竞赛规定的设备，有失公正的检测、评判、奖励，以及对工作人员的违规行为等，均可提出申诉。

（二）参赛选手申诉均须通过本代表队领队、指导老师，按照规定时限，以书面形式向仲裁委员会（或仲裁组）提出。仲裁委员会（或仲裁组）要认真负责受理选手申诉，并将处理意见通知领队或当事人。

（三）仲裁委员会（或仲裁组）的裁决为最终裁决，参赛选手不得因申诉或对处理意见不服而停止竞赛，否则按弃权处理。

八、其他

（一）各代表队参赛选手及相关工作人员，由赛点赛务工作小组统一安排食宿，费用自理。

（二）本技术文件的最终解释权归大赛组织委员会。

参 考 文 献

1. 孙明德,卢云峰. 会计基本技能. 北京:高等教育出版社.
2. 车立秋. 财经基本技能. 北京:中国金融出版社.
3. 会计从业资格编写组. 珠算. 北京:经济科学出版社.
4. 史悠祺. 珠算方法汇编. 上海:立信会计出版社.
5. 姚克贤. 珠算习题集. 大连:东北财经大学出版社.
6. 徐歆. 收银操作技术. 南京:南京市职业教育教学研究室,2010年.